Heinrich von Wlislocki

Die Sprache der transsilvanischen Zigeuner

Heinrich von Wlislocki

Die Sprache der transsilvanischen Zigeuner

ISBN/EAN: 9783743425989

Hergestellt in Europa, USA, Kanada, Australien, Japan

Cover: Foto ©Paul-Georg Meister /pixelio.de

Manufactured and distributed by brebook publishing software
(www.brebook.com)

Heinrich von Wlislocki

Die Sprache der transsilvanischen Zigeuner

Die Sprache

der

transssilvanischen Zigeuner.

Grammatik, Wörterbuch

von

Dr. Heinrich von Wlislocki.

Leipzig 1884

Wilhelm Friedrich

Königliche Hofbuchhandlung.

Herrn Dr. Gustav Heinrich

o. ö. Professor an k. Universität Budapest, Mitglied der ungarischen
Akademie der Wissenschaften etc. etc.

hochachtungsvoll gewidmet.

Vorwort.

Seit Jahren mich mit dem Studium der Sprache der transsilvanischen Zigeuner beschäftigend, wage ich mit diesem kleinen Ergebniss vor die Öffentlichkeit zu treten. Dr. A. F. Pott's Werk, des grossen Meisters der vergleichenden Sprachwissenschaft, welches 1844 unter dem Titel „Die Zigeuner in Europa und Asien" erschien, erfährt — was die Sprache der ungarischen Zigeuner anbelangt, manche wichtige Ergänzungen, die vielleicht das Interesse manches Sprachforschers erwecken. In Ungarn erschien schon ein, meinem Werke ähnlicher Leitfaden der Zigeunersprache von Georg Ihnatko unter dem Titel: „Czigány nyelvtan"; jedoch ist dieses Machwerk ein schändliches Plagiat von Pott's erwähntem Werke.

Als Ergänzung zu dieser kleinen Schrift mag

meine Sammlung zigeunerischer Volkslieder (Haide-
blüten, Volkslieder der transsilvanischen Zigeuner,
Leipzig, W. Friedrich, 1881) angesehen werden.
Möge mein Werkchen die gütige Aufnahme
finden, die es eben durch die Schwierigkeit des
Stoffes verdient!

Kronstadt (Siebenbürgen), November 1882.

Dr. Wlislocki.

Grammatik.

§ 1.

Die Zigeuner in Siebenbürgen teilen sich in zwei Stämme: 1. die Kortorar oder Zelt-Zigeuner und 2. die Gletecore oder ansässigen Zigeuner, die in Städten und Dörfern verschiedene Gewerbe betreiben. In Siebenbürgen nennt der gemeine Mann die Zigeuner ungarisch Pharao népe (Pharao's Volk), purde (nackt) und czigány; kortrás nennt der Sachse die Zeltzigeuner; sie selbst legen sich den Namen Rom bei.

§ 2.

Die Sprache der transsilvanischen Zigeuner zerfällt in drei Dialekte, welche sich schon durch die aufgenommenen Fremdwörter von einander unterscheiden: 1. der ungarisch-zigeunerische, 2. der wallachisch-zigeunerische und 3. der sächsich-zigeunerische Dialekt. Der reinste Dialekt ist zweifelsohne der ungarisch-zigeunerische, welchen die unter Ungarn

1

lebenden Zigeuner reden. Die unter Wallachen lebenden Zigeuner reden grösstenteils rumänisch; im Laufe
einiger Jahre werden dieselben gänzlich wallachisiert.

§ 3.

Die ungarischen Zigeuner, die sich als ansässige
mit Musik, als wandernde hingegen mit Schmiede-
arbeiten, Korbflechterei und dergl. beschäftigen, be-
sitzen eine ungemein reiche Volkslitteratur, die klei-
nere, gewöhnlich vierzeilige Lieder, ferner Balladen,
Märchen und Sprichwörter umfasst. Unter den wallachischen und sächsischen Zigeunern ist das wal-
lachische Volkslied verbreitet, und selten glückt es
dem Sammler von diesen Zigeunern ein echt-zigeu-
nerisches Volkslied zu hören.

Lautlehre.

§ 4.

Die von mir gebrauchte, graphische Darstellung
der Laute der transsilv.-zigeunerischen Sprache ist
die folgende:

Vokale: á; i, í; u, ú; e, é; o, ó.

Diphthonge: áe, ái, au; ei; ui; oi; oe.

Obige Vokale und Diphtonge entsprechen, was
ihre Aussprache betrifft, den betreffenden deutschen
Vokalen und Diphthongen. — á ist stets lang. —
Guna und Wriddhi sind auch im transsilvanischen
Zigeuneridiome nirgends mehr nachweissbar. —
Konsonanten: b, c (tsch), ç (ch), d, f, g, h, j
(dsch), k, l, m, n, ñ (nj), p, r, s, sh (sch), t, v, y (j).
Obiger Transcriptionsmethode gemäss entspricht
c dem Laute tsch, ç dem deutschen ch, j = dsch,
ñ = nj, sh = sch, y = j.

§ 5.

Mouillierung findet statt bei den aus dem Ung.
entlehnten Wörtern, z. B. miñár, mindár (sogleich)
= ung. mindgyárt, háña (Ameise) = ung. hangya.

§ 6.

Wechsel ist bemerkbar 1. zwischen Liquidä:
n und *m* z. B. ná und má (nicht, nein), gin und gim
(Zahl); zwischen *l* und *n* findet nie ein Wechsel statt;
2. zwischen Lab.: *b* und *w* z. B. yov yob (er), ves
und bes (Wald); 3. zwischen Zischlauten und h;
nur in der 1. und 2. Person des Vb. Subst.: som
und hom (ich bin), sál und hál (du bist).

Wortbildung.

Behandlung der Fremdwörter.

§ 7.

Für neue Begriffe neue Worte zu schaffen ist nicht die Sache der Zigeuner; sie nehmen die gehörten an und versehen sie bloss mit ihrem Idiom angemessenen Suffixen.

Für die aus dem Ungarischen herübergenommenen Substantiva lassen sich, was die Suffixe derselben anbelangt, folgende drei Regeln aufstellen: 1. die auf *o, ö, u* und *i* auslautenden ungarischen Wörter werden im Romschen als Masc. mit der Endung *-vá, -vos* als Fem. mit der Endung *-ve, -vis* versehen. — *á, e, os, is* ist die eigentliche Endung, da meiner Ansicht nach *v* nur den Zusammenstoss zweier Vokale verhindern soll und des Wohllauts halber eingeschoben ist; z. B. pilángo-vá (Schmetterling) ung. pillango, rigó-vos (Amsel) ung. rigó, levegö-ve (Luft) ung. levegō, borñu-vos (Kalb) ung. bornyu. 2. Die auf *-a, -e* auslautenden ungarischen Wörter bleiben unverändert und sind im Romschen Fem., z. B. cese (Napf) ung. csésze, párná (Kissen) ung. párna, bunda (Pelz) ung. bunda.

Häufig tritt an die Endung *-a, -e* ein *s*, in welchem Falle *a* in *-e* übergeht und das betreffende, mit

der Endung *-es* versehene Wort nur im Plural gebraucht wird, z. B. *ceresnes* (Kirschen) ung. c з e r e s z n y e,
pityokes (Erdäpfel) ung. p i t y o k a u. s. w. — 3. Die
auf Konsonanten auslautenden ungarischen Substantiva nehmen im Romschen als Masc. die Endung *-os*,
als Fem. hingegen die Endung *-is* an, z. B. *hidos* ung.
híd (Brücke), *délos* ung. dél (Mittag), *bogáris* ung.
bogár (Käfer). — Die auf osz (os), esz (es), isz (is),
ász endigenden ungarischen Wörter werden im Romschen als Masc. mit der Endung *-a*, als Fem. mit der
Endung *-e* versehen, z. B. *ábrosá* ung. abrosz (Tisch-
decke, Tischtuch), *vádásá* (Jäger) ung. v a d á s z.

Zu bemerken ist noch, dass die mit einem Vokal
anlautenden ungarischen Wörter im Romschen bisweilen ein *y* als ersten Buchstaben im Anlaut erhalten,
z. B. *yüvege* ung. ü v e g (Glas), *yibrike* ung. i b r i k
(Napf), *yárpá* ung. árpa (Gerste).

§ 8.

Was die Adjectiva anbelangt, so werden die aus
dem Ungar. herübergenommenen folgendermassen be-
handelt: 1. endigt das ung. Adj. auf einen Vokal, so
wird derselbe in *-o* verwandelt, z. B. ung. sánta
(lahm) lautet im Romschen *shánto;* 2. endigt das
ung. Adj. aber auf einen Konsonanten, so fällt derselbe ab, und der nächstvorhergehende Vokal geht

ebenfalls in -*o* über, z. B. ung. **h a s z n o s** (nützlich) rom. *hásno.*

§ 9.

Adverbia, Konjunctionen, Partikeln u. s. w. bleiben gewöhnlich unverändert, z. B. *igen, sohá, bison, ákkor, még* u. s. w.

§ 10.

Jedes ung. Verbum gebraucht der Zigeuner, wenn auch für das betreffende ein zigeunerisches existiert. Ein und dasselbe Verbum versehen verschiedene Zigeuner mit verschiedener Endung, so dass man nicht bestimmt sagen kann, zu welcher Klasse von Verben es gehört.

§ 11.

Ebenso verhält es sich mit den Verben, die aus dem Deutschen resp. Sächsischen und Rumänischen entlehnt werden. Auch bei diesen lässt sich die Klasse, zu welcher sie gehören, nicht bestimmen.

§ 12.

Die Substantiva und Adjectiva, welche aus dem Sächs. entlehnt werden, versehen die Zigeuner als Masc. mit der Endung -*o*, als Fem. mit der Endung

-e, z. B. *grune* f. säch. grun (Schnurbart). Zu er-
wähnen ist, dass in der Rede der sächsischen Zigeuner
fast jedes dritte oder vierte Wort ein entlehntes, also
seinem Ursprunge nach ein sächsisches ist.

§ 13.

Die aus dem Rumänischen entlehnten Substantiva
und Adjektiva, werden nach Ablegung ihrer rumänischen Endung als Masc. mit der Endung -*o*, als Fem.
mit der Endung -*e* versehen. Im Folgenden werde
ich hauptsächlich den Dialekt der ungarischen Zigeuner
berücksichtigen, die beiden anderen nur nebenbei be-
rühren (vgl. § 2).

Geschlecht.

§ 14.

Die Zigeunersprache hat nur zwei Geschlechter:
das männliche und das weibliche. Die Ge-
schlechtsunterscheidung geschieht 1. mittelst beson-
derer Wörter z. B. *pçrál* Bruder, *pçén* Schwester.
2. Durch Beifügung der Wörter mursh für das
männliche und juvli für das weibliche Geschlecht,
z. B. *mursh grái* Hengst, *juvli grái* Stute. 3. Wenn
das Masc. auf -*i* oder einen Konsonanten endigt, so
ist die Endung des zugehörigen Femininums -*ni*, z. B.
grái M. — *grásni* F., *ruv* M. Wolf — *ruvni* F., *rom*

M. Mann, Zigeuner — *romni* F., *resun* M. Fuchs — *resuni* F. 4. Durch den vorgesetzten Artikel für Masc. *o*, für Fem. *-e;* dieser Artikel lautet im Plur. für beide Geschlechter, für das männliche sowohl, als auch für das weibliche, *-e;* — sonst bleibt er durch alle Kasus hindurch unverändert.

§ 15.

Als Hauptregel lässt sich aufstellen: Masculina sind alle auf *-o* und Femina alle auf *-i* endigenden Wörter. Zu bemerken habe ich noch an dieser Stelle, dass die wallachischen Zigeuner das *-i* des Fem. gewöhnlich in *-e* verwandeln.

§ 16.

Für die übrigen Endungen lassen sich in betreff des Geschlechtsunterschiedes keine festen Regeln aufstellen. Die Einteilung der Endungen in männliche und weibliche, welche F. A. Pott in seinem berühmten Werke getroffen hat, kann als die beste, zutreffendste angesehen werden, doch finden hiebei zahlreiche Ausnahmen — wenigstens im transsilv. Zigeuneridiom — statt. Im allgemeinen lässt sich sagen: 1. Masc. sind die auf *o, ben, pen, m, r, l, k, os, sh, t, b, p* endigenden Wörter, z. B. *kuro* Füllen, *kurko* Woche, *pátávo* Strumpf; *máriben* Schlägerei, *murdálytpen* Mord, Tod; *dudum* Kürbis, *drom* Weg; *duvár* Thüre; *devel* Gott; *nák* Nase; *vást* Hand; *rup* Silber u. s. w. 2) Fem. sind die auf *-i, -e, -is* endigenden Wörter, z. B. *piri* Topf; *párni* Kreide, *lele* Geliebte. Nebenbei giebt es viele Fem. im transsilv. Zigeuneridiom die eine, sonst männliche Endung haben, z. B. *ydkh* Auge, *mácik* Knödel u. s. w.

Suffixe.

§ 17.

Adjectiva und Substantiva werden von Verb. und Nom. gebildet durch die Suffixe: 1. *áno, eno, ino, uno, káno, kuno, tuno;* z. B. *piráno* Geliebter von piránáv (ich liebe), *kándeno* stinkend von kándáv (ich stinke), *dilyino* dumm von dilyináv (ich bin wahnsinnig), *kámuno* sonnig von kám (Sonne), *lubikáno* Hurenjäger von lubñi (Hure), *çárkuno* aus Kupfer verfertigt von çarçun (Kupfer), *kerituno* zum Haus gehörig von ker (Haus); — 2. *álo, válo, skro,* z. B. *cikálo* kotig von cik (Kot), *násválo* krank von náslyiváv (ich bin krank), *devleskro* göttlich von devel (Gott); 3. das Part., Prät., Pass. wird gebildet: a) mittelst *to, do,* z. B. *rolydrdo* beweint von rolyárváv, *náshádo* verloren von nasháváv; b) mittelst *lo, dlo,* z. B. *páshlo* liegend von páshlyováv, *pçándlo* eingesperrt von pçándáv. Die auf *do, di* und *to, ti* endigenden Substantiva und Adjektiva sind ebenfalls mit Participialsuffix gebildet; z. B. *cingerdo* Bohrer von cingeráv (ich reisse, schneide), *kushto* kahl von kusháv (ich schinde, reisse). — 4. Nom. abstr. werden von Adj. und Verb. mittelst ben und pen gebildet; die so gebildeten Nom. sind alle, ohne Ausnahme Masculina; z. B. *dilályipen* Lied von dilyáváv (ich singe), *dindyárdipen* Länge von dindyárdo (lang), *keriben* Arbeit von keráv (ich mache, arbeite), *mángipen* Bitte von mángáváv (ich bitte, bettele), *máriben* Schlägerei von máráv (ich schlage), *nevipen* Neuigkeit von nevo (neu). Im transsilv. Zigeuneridiom sind die mittelst -*pen* gebildeten Nom. abstr. zahlreicher, als die mittelst -*ben* gebildeten. —

Wortbiegung.

Substantivum.

Deklination.

§ 18.

Wie schon erwähnt wurde, kennt das Romsche nur zwei Geschlechter: das männliche und weibliche; das sächliche fehlt. Numeri sind ebenfalls nur zwei: Sing. und Plural.; vom Dual ist keine Spur mehr vorhanden; derselbe wird mit Pluralformen ge-

— 11 —

bildet, z. B. *duy cirikle* Masc. zwei Vögel, *duy manushá* zwei Männer; *duy ráklyiyá* Fem. zwei Mädchen; *duy kérá* Masc. zwei Häuser; *duy márikliá* Fem. zwei Kuchen. Kasus sind folgende: Nominativus, Genitivus, Dativus, Accusativus, Vocativus, Ablativus und Instrumentalis.

§ 19.

Nach Pott lassen sich vier Deklinationen aufstellen:

a) zur ersten gehören die Masculina in -*o*, gen. -*eskro*, plur. -*e;*

b) zur zweiten die Feminina in -*á*, gen. -*ákri*' plur. -*e;*

c) die dritte umfasst die Masculina, die auf einen anderen Vokal (nicht -*o*) oder Diphthong, oder Konsonanten endigen, und deren gen. auf -*eskro*, plur. auf -*á* lautet. Zur dritten Deklination gehören auch die Masc. auf -*ben* und -*pen*.*)

d) zur vierten gehören die auf -*i*, -*in* oder einen anderen Konsonanten endigenden Feminina an, welche den gen. auf *yákri,* den plur. -*yá* bilden.

---

*) Pott meint eben das Gegenteil (I. S. 102). Im transsillv. Zigeun. gehören jedoch die auf -*ben* oder -*pen* sich endigenden Nom. abstr. zur dritten Deklination.

§ 20.

Bei der Deklination ist noch zu beachten der Unterschied zwischen Belebtem und Unbelebtem. Bei allen leblosen Dingen stimmt die Endung des Acc. mit der des Nominativs ganz genau überein; hingegen nehmen alle Masculina für Belebtes im Acc. die Endung -es, -os an, die Feminina die Endung -á oder -yá. Im transsilv. Zigeuneridiom wird dieser Unterschied zwischen Belebtem und Unbelebtem sehr genau durchgeführt.

Paradigmen zur ersten Deklination.

§ 21.

a) *Belebtes.*

Ráklo Masc., Knabe.

Sing.	Plur.
Nom. ráklo	ráklá
Gen. rákleskro	ráklengré
Dat. rákleske	ráklenge
Acc. rákles	ráklen
Voc. o rákleyá!	o ráklé!
Abl. ráklestár	ráklendár
Instr. ráklehá.	ráklensá.

Bálo Masc., Schwein.

Sing.	Plur.
Nom. bálo	bálá
Gen. báleskro	bálengré
Dat. báleske	bálenge
Acc. báles	bálen
Voc. o bálá!	o bálé!
Abl. bálestár	bálendár
Instr. bálehá.	bálensá.

b) *Unbelebtes.*

Angushto Masc., Finger.

Sing.	Plur.
Nom. ángushto	ángushtá
Gen. ángushteskro	ángushtengré
Dat. ángushteske	ángushtenge
Acc. ángushto	ángushtá
Voc. o ángushto!	o ángushtá!
Abl. ángushtár	ángushtendár
Instr. ángushtehá.	ángushtensá.

Lovo Masc., Geldstück.

Sing.	Plur.
Nom. lovo	lová
Gen. loveskro	lovengré
Dat. loveske	lovenge

Sing.	Plur.
Acc. lovo	lová
Voc. o lovo!	o lová!
Abl. lovestár	lovendár
Instr. lovehá.	lovensá.

§ 22.

Zu bemerken ist, dass die wallachischen Zigeuner das *e* der Endung des Gen. sing. *e*-skro, des Dat. *e*-ske, des Abl. *e*-stár, des Instr. *e*-há, ebenso das *e* der Endung des Plur. Gen. *e*-ngré, Dat. *e*-nge, Abl. *e*-ndár und Instr. *e*-nsá in *o* verwandeln, wenn der letzte Vokal des Stammes vom betreffenden Worte ebenfalls ein *o* ist, also lovo, Gen. sing. lovoskro, Dat. lovoske u. s. w. Dies gilt auch für die Adjectiva und die mittelst -*óro* gebildeten Deminutiva, z. B. skámind-óro (Tischchen), Gen. sg. skámindoskro, Gen. pl. skámindongré.

§ 23.

Das -*e* im Gen. und Voc. plur. ist bei den Masc. für Belebte stets lang, also *ráklo* — Gen. plur. ráklengré, Voc. plur. ráklé; *bálo* — Gen. pl. bálengré, Voc. plur. bálé.

Paradigmen zur zweiten Deklination.

§ 24.

a) *Belebtes.*

Cátrá Fem., Henne.

Sing.	Plur.
Nom. cátrá	cátrá
Gen. cátrákri	cátrengré
Dat. cátráke	cátrenge
Acc. cátrá	cátren
Voc. o cátrá!	o cátrálé
Abl. cátrátár	cátrendár
Instr. cátráhá.	cátrensá.

Mishá Fem., Maus.

Sing.	Plur.
Nom. mishá	mishá
Gen. mishákri	mishengré
Dat. misháke	mishenge
Acc. mishá	mishen
Voc. o mishá	o mishálé
Abl. mishátár	mishendár
Instr. misháhá.	mishensá.

b) *Unbelebtes.*

Dumá Fem., Stimme.

Sing.	Plur.
Nom. dumá	dumá
Gen. dumákri	dumengré
Dat. dumáke	dumenge
Acc. dumá	dumá
Voc. o dumá	o dumá
Abl. dumátár	dumendár
Instr. dumáhá.	dumensá.

§ 25.

Vocativ lautet sowohl bei Belebtem, als auch Unbelebtem so wie der Nominativ. Acc., Voc. sing. und Nom., Acc., Voc. plur. haben bei Unbelebten stets -á, die Endung. des Nom. sing.

§ 26.

Vocativus plur. der hierhergehörigen Feminina für Belebtes lautet bisweilen — besonders bei den wallachischen Zigeunern — -álye, z. B. cátrálye st. cátrále, *mishálye* st. mishále.

§ 27.

Das -e im Gen. und Voc. plur. ist bei den Fem. für Belebte stets lang. Das -á der Endung des Instr.

pl. *-sá* geht oft in *-é* über, z. B. *dumensé* st. dumensá, *mishensé* st. mishensá.

Paradigmen zur dritten Deklination.

§ 28.

a) *Belebtes.*

Mánush Masc., Mensch.

Sing.	Plur.
Nom. mánush	mánushá
Gen. mánusheskro	mánushengré
Dat. mánusheske	mánushenge
Acc. mánushes	mánushen
Voc. o mánusheyá!	o mánushá!
Abl. mánushestár	mánushendár
Instr. mánushehá	mánushensá.

Grái Masc., Pferd.

Sing.	Plur.
Nom. grái	gráyá
Gen. gráyeskro	gráyengré
Dat. gráyeske	gráyenge
Acc. gráyes	gráyen
Voc. o gráiyá!	o gráya!
Abl. gráyestár	gráyendár
Instr. gráyéhá.	gráyensá.

2

b) *Unbelebtes.*

Vást Masc., Hand.

Sing.	Plur.
Nom. vást	vástá
Gen. vásteskro	vástengré
Dat. vásteske	vástenge
Acc. vást	vástá
Voc. o vást!	o vástá!
Abl. vástestár	vástendár
Instr. vástehá.	vátensá.

Jiungiben M., Niederträchtigkeit.

Sing.	Plur.
Nom. jiungiben	jiungibená
Gen. jiungibeneskro	jiungibengré
Dat. jiungibeneske	jiungibenge
Acc. jiungiben	jiungibená
Voc. o jiungiben!	o jiungibená!
Abl. jiungibenestár	jiungibendár
Instr. jiungibenehá.	jiungibensá.

Lyinái Masc., Sommer.

Sing.	Plur.
Nom. lyinái	lyináyá
Gen. lyináskro	lyinángré
Dat. lyináske	lyinánge

Sing.	Plur.
Acc. lyinái	lyináyá
Voc. o lyinái!	o lyináya!
Abl. lyinástár	lyinándár
Instr. lyináhá.	lyinánsá.

§ 29.

Die auf -*ben* und -*pen* sich endigenden Nom. abstr. nehmen die Endungen der einzelnen Kasus unmittelbar an die Nominativform an. Die Pluralendungen -*engré*, -*enge*, -*endár* und -*ensá* lauten für diese Nomina einfach -*gré*, -*ge*, -*dár* und -*sá;* die regelmässige Form des Gen. pl. von *jiungiben* wäre also *jiungiben-engré* statt welcher aber jiungibengré gebraucht wird.

§ 30.

Voc. plur. lautet für Belebte stets so wie der Nom. plur.; während die Masc. für Belebtes der ersten Deklination im Voc. plur. die Endung -*e* aufnehmen. Nur hierin unterscheiden sich die Masc. für Belebtes der ersten und dritten Deklination von einander.

§ 31.

Die Masculina für Unbelebtes der dritten Deklination verändern das -*e* der Endungen -*eskro*,

2*

-*e*ske, -*e*stár, -*e*há, -*e*ngré, -*e*ndár und -*e*nsá in *á*, wenn der Vokal des Stammes *i*, *u* oder *o* ist. (S. Iyinái § 28.)

Paradigmen zur vierten Deklination.

§ 32.

a) *Belebtes*.

Ráklyi Fem., Mädchen.

Sing.	Plur.
Nom. ráklyi	ráklyiyá
Gen. ráklyákri	ráklyiyengré
Dat. ráklyáke	ráklyiyenge
Acc. ráklyá	ráklyiyen
Voc. o ráklyiye!	o ráklyiyá!
Abl. ráklyátár	ráklyiyendár
Instr. ráklyáhá	ráklyiyensá.

Pçen Fem., Schwester.

Sing.	Plur.
Nom. pçen	pçeñá
Gen. pçeñákri	pçeñengré
Dat. pçeñáke	pçeñenge
Acc. pçeña	pçeñen
Voc. o pçeñe!	o pçeñá!
Abl. pçeñetár	pçeñendár
Instr. pçeñehá.	pçeñensá.

b) *Unbelebtes.*

Buci Fem., Schmiedarbeit.

Sing.	Plur.
Nom. buci	bucyá
Gen. bucyákri	bucyengré
Dat. bucyáke	bucyenge
Acc. buci	bucyá
Voc. o buci!	o bucyá!
Abl. bucyátár	bucyendár
Instr. bucyáhá.	bucyensá.

Práytin Fem., Blatt, Laub.

Sing.	Plur.
Nom. práytin	práytiñá
Gen. práytiñákri	práytiñengré
Dat. práytiñáke	práytiñenge
Acc. práytin	práytiñá
Voc. o práytin!	o práytiñá!
Abl. práytiñátár	práytiñendár
Instr. práytiñáhá.	práytiñensá.

§ 33.

Feminina für Belebtes, welche sich auf *-in* oder *-en* endigen, lauten im Abl. und Instr. sing. auf *-yetár*, *-yehá* statt -yátár, -yáhá aus.

§ 34.

Die im Nom. auf *-li*, *-lin*, *-len* sich endigenden Feminina verlieren bisweilen in den übrigen Kasus das eigentlich zum Stamme gehörige *l*, wenn demselben unmittelbar ein anderer Konsonant vorausgeht, z. B. *páshlin* (Bett), Gen. sg. páshyákri, Nom. pl. páshyá; *themlin* (Gebirge), Gen. sg. themyákri, Nom. pl. themyá. —

§ 35.

Im Zigeunerischen giebt es einen Lokativus mit der Endung *-e*, welche an den Nom. tritt, z. B. *yevend* Winter, yevende im Winter; *lyinái* Sommer, lyináye im Sommer; *kér* Haus, kére nach Hause, zu Hause. Wenn der Nom. sing. auf einen Vokal sich endigt, lautet die Endung des Lokativus *-ye*, z. B. *ráci* Nacht, ráciye Nachts.

Adjektivum.

1. Deklination.

§ 36.

Die Adjectiva endigen sich im Zigeunerischen gewöhnlich Masc. auf *-o*, Fem. auf *-i*, plur. *-e*. Die Endúng des Fem. -i lautet bei den wallachischen Zigeunern stets *-e*, káleyákengre st. káleyákengri.

Nur wenige Adjectiva endigen sich im Masc. auf
Konsonanten, auch diese nehmen als Fem. ein -*i*
oder -*e* auf, z. B. *shukár* (schön), Fem. *shukáre; kuc*
(teuer), Fem. *kuci; miseç* (schlecht), Fem. *miseçe; dur*
(weit), Fem. *duri.*

§ 37.

Von einer eigentlichen Flexion nach Fällen lässt
sich beim Adj. nicht reden. Ausser einer Geschlechts-
und Numeralunterscheidung bleiben die Adj., insofern
sie nicht einen unabhängigen substantiven Charakter
annehmen, durch alle Kasus unverändert; z. B.

Yerno mánush Masc., nüchterner Mann.

Sing.	Plur.
Nom. yerno mánush	yerne mánushá
Gen. yerno mánusheskro	yerne mánushengré
Dat. yerno mánusheske	yerne mánushenge
Acc. yerno mánushes	yerne mánushen
Voc. o yerno mánusheyá!	o yerne mánushá!
Abl. yerno mánushestár	yerne mánushendár
Instr. yerno mánushehá.	yerne mánushensá.

Shukári práytin Fem., schönes Blatt.

Sing.	Plur.
Nom. shukári práytin	shukáre práytiñá
Gen. shukári práytiñákri	shukáre práytiñengré

— 24 —

Sing.	Plur.
Dat. shukári práytiñáke	shukáre práytiñenge
etc. etc.	etc. etc.

§ 38.

Wenn das Adjectivum einen unabhängigen substantiven Charakter übernimmt, so hat es eine Flexion nach Fällen und folgt als Masc. der Deklination der Masc. Subst. für Unbelebtes auf -o, als Fem. der der Fem. Subst. auf -i; z. B.

dur, duri weit.

Masc.	Fem.
Sing.	Sing.
Nom. dur	duri, e
Gen. dureskro	duryákri
Dat. dureske	duryáke
Acc. dur	duri
Voc. o dur!	o duri!
Abl. durestár	duryátár
Instr. durehá.	duryáhá.
Plur.	Plur.
Nom. durá	duryá
Gen. durengré	duryengré
Dat. durenge	duryenge
Acc. durá	duryá
Voc. o durá!	o duryá!
Abl. durendár	duryendár
Instr. durensá.	duryensá.

§ 39.

Ein Adjectivum — wenn es einen unabhängigen substantiven Charakter übernimmt —, wird als Masculinum oder Feminum nach Willkür gebraucht; das Geschlecht, welchem es in diesem Falle folgen soll, lässt sich nicht vorausbestimmen, also duro (der Weite) Masc. und duri (die Weite) Fem. kann nebeneinander gebraucht werden als Substantivum.

2. Comparation.

§ 40.

Der Comparativus wird mittelst der Endung -*eder* gebildet, welche an den Stamm tritt, z. B. *báro* (gross) Comp. bár-eder, *párno* (weis) Comp. párno-eder, *shukár* (schön) Comp. shukár-eder.

§ 41.

Der Comparativus hat nur eine Endung *(-eder)* für beide Geschlechter, für Masc. sowohl, als auch Fem.; z. B. *báreder máceskro* der grosse Fischer — und *báreder máceskri* die grosse Fischerin.

§ 42.

Der Comparativus kann auch flektiert werden und folgt als Masc. der Deklination der Masc. für

— 26 —

Unbelebtes auf -*o* (I. Dekl.), als Fem. der Deklina-
nation der Fem. für Unbelebtes auf -*i*, -*in* (IV.
Dekl.); z. B.

Báreder máco Masc., der grosse Fisch.

	Sing.	Plur.
Nom.	báreder máco	báredrá mácá
Gen.	báredreskro máceskro	báredrengre mácengré
Dat.	báredreske máceske	báredrenge mácenge
Acc.	báreder máces	báredrá mácen
Voc.	o báreder máceyá!	o báredrá mácé!
Abl.	báredrestár mácestár	báredrendár mácendar
Instr.	báredrehá mácehá	bárensá mácensá.

Báreder márikli Fem., der grosse Kuchen.

Sing.

Nom. báreder márikli
Gen. báredyákri márikyákri (s. § 34)
Dat. báredyáke márikyáke
Acc. báreder márikli
Voc. o báreder márikli!
Abl. báredyátár márikyátár
Instr. báredyáhá márikyáhá.

Plur.

Nom. báredyá márikliyá
Gen. báredyengré máriklyengré
Dat. báredyenge máriklyenge

Acc. báredyá máriklyá
Voc. o báredyá mariklyá!
Abl. báredyendár máriklyendár
Instr. báredyensá máriklyensá..

§ 43.

Folgende drei Adjectiva bilden den Comparativus
von einem anderen Stamme: *láco* und *mischto* (gut),
Comp. feder, *miseç* (schlecht), Comp. horscheder.

§ 44.

Im Compar. ist das Adverbium vom Adj. ṇicht
verschieden; *bareder*, Adv. gross, *horscheder*, adv.
schlecht.

§ 45.

Der verglichene Gegenstand steht im Abl., z. B.
o grást hin bareder mischátár das Pferd ist grösser
[als die] Maus. — Bei Vergleichungen wird auch das
Wort *sár* (als) gebraucht, z. B. *me som feder sár tu*
ich bin besser als du; *tu sál shukáreder sár c pçen*
du bist schöner als die Schwester.

§ 46.

Der Superlativus hat keine eigene Form. Die
ungarischen Zigeuner bilden den Superl. aus dem

Compar. mittelst eines Zusatzes, welcher in der ungar.
Vorsilbe für den Superl. *leg-* besteht (ung. s z é p,
schön, Compar. szebb, Superl. leg-szebb), z. B. *shukár*
(schön), Compar. shukáreder, Superl. legshukáreder Superl. legshukáreder; báro (gross), Compar.
báreder, Superl. legbáreder. — Die wallachischen
und sächsischen Zigeuner bilden den Superl. durch
Vorsetzung des wallachischen *forte* (sehr) oder *máy*
(mehr), z. B. *shutlo* (sauer), Comp. shutleder, Superl.
forte oder máy shutleder; *tçulo* (dick), Comp.
tçuleder, Superl. forte oder máy tçuleder.

§ 47.

Der Superlativ kann ebenfalls flektiert werden
und folgt dann selbstverständlich der Deklination des
Compar.; die Vorsilben *leg-* und die Worte *forte* und
máy bleiben dabei unverändert. (S. § 42)

§ 48.

Der Superl. der drei Adj. *láco* und *mishto* (gut),
Compar. feder, und *miseç* (schlecht), Compar. *horsheder* lautet: legfeder oder máy oder forte feder.
und leghorsheder oder máy oder forte feder.

§ 49.

Der Superl. kann gleich wie der Compar. auch
ohne besonderes Abzeichen adverbial gebraucht

werden, z. B. *me kerdyom leghorsheder*, ich habe sehr schlecht gethan, am schlechtesten gehandelt.

Zahlwörter.

§ 50.

Die Zahlenbenennungen weichen bei den ungarischen, wallachischen und sächsischen Zigeunern von einander nicht ab. Die Zeltzigeuner (Kortorár) können kaum bis 100 zählen. Die wallachischen Zigeuner bedienen sich oft der rumänischen Zahlenbenennungen, welche sie unverändert, ohne zigeunerischen Zusatz gebrauchen. Die Zigeuner, welche in ungarischen Städten ansässig und als Musiker sehr beliebt sind, gebrauchen stets die zigeunerischen Zahlenbenennungen; überhaupt gebrauchen dieselben weniger Fremdwörter, als die Handwerkbetreibenden.

§ 51.

Im Zig. giebt es: Cardinalia, Ordinalia, Distributiva und Multiplicativa, die von einander streng geschieden sind.

§ 52.

Zahlenbenennungen.

	Cardinalia	Ordinalia	Distributiva	Multiplicativa
1	yek	yekto	yektheyek	yekvár
2	duy	duyto; áver	duytheduy	duyvár
3	trin	trito	trinthetrin	trivár
4	stár	stárto	stárthestár	stárvár
5	pánc	páncto	páncthepánc	páncvár
6	shov	shovto	shovtheshov	shovár
7	eftá	eftáto	eftheyeftá	eftávár
8	oçto	oçtáto	oçtotheyoçto	oçtovár
9	eñá	eñáto	—	eñavár
10	desh	deshto	· deshthedesh	deshvár
11	deshuyek	deshuyekto	deshuyekye	deshuyekvár
12	deshuduy	deshuduyto	deshuduydu	deshuduyvár
13	deshutrin	deshutrito	deshutrinti	deshutrivár
14	deshustár	deshustárto	deshustársti	deshustárvár
15	deshupánc	deshupáncto	deshupáncthe-pánc	deshupáncvár
16	deshushov	deshushovto	—	—
17	deshuyeftá	deshuyeftáto	—	—
18	deshuyoçto	deshuyoçtáto	—	—
19	deshuyeñá	deshuyeñato	—	—
20	bís	bisto	bisthebish	bisvár
21	bistheyek	bistheyekto	—	—
22	bistheduy	bistheduyto	—	—
23	bisthetrin	bisthetrito	—	—
24	bisthestár	bisthestárto	—	—
25	bisthepánc	bisthepáncto	—	—
26	bistheshov	bistheshovto	—	—

	Cardinalia	Ordinalia	Distributiva	Multiplicativa
27	bistheyeftá	bistheyeftáto	—	—
28	bistheyoçto	bistheyoçtáto	—	—
29	bistheyeñá	bistheyeñáto	—	—
30	triándá	triándáto	trinthetriándá	triándávár
31	triándátheyek	triándátheyekto	—	—
32	triándátheduy	triándátheduyto	—	—
40	stárándá	stárándáto	stárándáthestárándá	stárándávár
50	pendá oder yepássel	pendáto	pendáthependá	pendávár
60	shovvárdesh	shovvárdeshto	—	shovvárdeshvár
70	eftávárdesh	eftávárdeshto	—	—
80	oçtovárdesh	oçtovárdeshto	—	—
90	eñávárdesh	eñávárdeshto	—	—
100	sel	selto	selthesel	selvár
200	duyvársel	duyvárselto	—	—
400	stárvársel	stárvárselto	—	—
1000	deshvársel	deshvárselto	—	deshvárselvár
2000	bisvársel	bisvárselto	—	—
3000	triándávársel	triándávárselto	—	—
5000	pendávársel	pendávárselto	—	—

§ 53.

Die Zahlen 11—19 werden mit *desh* und dem betreffenden Einer durch Verbindung mittelst eines -*u*- gebildet, z. B. *desh-u-stár* (14). Dies -*u*- ist wahrscheinlich aus der Pluralendung -*a* hervorgegangen.

§ 54.

Von 21 an wird der Einer durch das Bindewort -*thc*- (und) dem betreffenden Zehner angefügt.

§ 55.

Die Zahlen 60, 70, 80 und 90 werden durch Vorsetzung des Multiplicativum -*vár* vor die Zahl 10 gebildet, z. B. *sho-vár-desh* 60, also = 6 X 10.

§ 56.

Die Ordinalia werden gebildet, indem an die Grundzahl die Endung -*to* tritt, z. B. *yek-to, triánda-to, sel-to* u. s. w.

§ 57.

Die Distributiva werden auf die Weise *yek-the-yek* gebildet. Das -the- scheint auch hier das Bindewort „und" zu sein.

§ 58.

Bei der Bildung der Multiplicativa wird die Endung -*vár* an die Grundzahl gesetzt; *yek-vár, pendá-vár, sel-vár* u. s. w.

— 33 —

§ 59.

Die Zahlwörter können auch flektiert werden.
(Yek wird auch als unbestimmter Artikel gebraucht.)

Masc.	Fem.
Nom. yek	yeká
Gen. yekeskro	yekákri
Dat. yekeske	yekáske
Acc. yekes	yeká.
Nom. duy	trin
Gen. duyengré	triengré
Dat. duyenge	trienge
Acc. duyen	trinen
Abl. duyendár	trinendár
Instr. duyensá.	trinensá.

Pronomen.

§ 60.

a) *Persönliche Pron.*

Pers. 1.

Sing.	Plur.
Nom. me	ámen
Gen. mro	ámáré
Dat. mánde, mán,	ámende, mende,
mángé	ámenge, men

3

Acc. mán,	men
Voc. o me!	o ámen!
Abl. mándár	mendár
Instr. mánsá	ámensá, mensá.

Pers. 2.

Sing.	Plur.
Nom. tu	tumen
Gen. tiro	tumáré
Dat. tute, tuke	tumende, tumen,
	tumenge
Acc. tut	tumen
Voc. o tu!	o tumen
Abl. tutár	tumendár
Instr. tuhá	tumensá.

Pers. 3.

	Sing.		Plur.
Masc.		Fem.	
Nom. yov		yoy	yon
Gen. leskro		lákro	lengré
Dat. leske		láke	lenge
Acc. les		lá	len
Voc. o yov!		o yoy!	o yon!
Abl. lestár		látár	lendár
Instr. lehá		láhá	lensá.

§ 61.

Die Flexion der persönl. Pron. und der Pron. überhaupt, ist von der Substantiva nicht verschieden, einige wenige unbedeutende Eigenheiten abgerechnet. Gen. pl. hat stets langes *é* z. B. *lengré*. Das Pron. 3. Pers. wird dem Verbum gewöhnlich nachgesetzt, während Pron. 2. Pers. und 2. Pers. stets vor dem Verbum stehen; z. B. *me coráv*, ich stehle, *tu cores* du stiehlst, *corel yov*, er stiehlt. Der Nom. der Pron, Pers. wird selten gebraucht und auch dann nur, um die betreffende Person hervorzuheben.

§ 63.

b) *Pron. possessiva.*

Masculinum.

Sing.	Plur.
Nom. miro, mro mein	mire
Gen. mreskro	mirengré
Dat. mreske	mirenge
Acc. mires	miren
Voc. miro, mro	mire
Abl. mrestár	mirendár
Instr. mrehá	mirensá.

Femininum.

Sing.	Plur.
Nom. miri, mri meine	miri
Gen. mrákro	mirengré

Dat. mráke	mirenge
Acc. mirá	miren
Voc. miri, mri	miri
Abl. mirátár	mirendár
Instr. miráhá	mirensá.

Pluralformen.

Masc.		Fem.
Nom.	ámáro unsere	ámári
Gen.	ámárengré	ámárengré
Dat.	ámárenge	ámárenge
Acc.	ámáren	ámáren
Voc.	ámáre	ámári
Abl.	ámárendár	ámárendár
Instr.	ámárensa	ámárensá.

Masculinum.

Sing.		Plur.
Nom.	tiro dein	tire
Gen.	tireskro	tirengré
Dat.	tireske	tirenge
Acc.	tires	tiren
Voc.	o tiro!	o tire!
Abl.	tirestár	tirendár
Instr,	tirehá	tirensá.

Femininum.

Sing.		Plur.	
Nom.	tiri deine	tiri	
Gen.	tirákro	tirengré	
Dat.	tiráke	tirenge	
Acc.	tirá	tiren	
Voc.	o tiri!	o tiri!	
Abl.	tirátár	tirendár	
Instr.	tiráhá	tirensá.	

Pluralform.

Masc.		Fem.	
Nom.	tumáro euere	tumári	
Gen.	tumárengré	tumárengré	
Dat.	tumárenge	tumárenge	
Acc.	tumáren	tumáren	
Voc.	o tumáro!	o tumáro!	
Abl.	tumárendár	tumárendár	
Instr.	tumárensá	tumárensá.	

Masculinum.

Sing.		Plur.	
Nom.	peskro sein (suus)	peskre	
Gen.	peskreskro	peskrengré	
Dat.	peskreske	peskrenge	
Acc.	peskres	peskren	

Voc. o peskro	o peskre
Abl. peskrestár	peskrendár
Instr. peskrehá	peskrensá.

Femininum.

Sing.	Plur.
Nom. peskri sua	peskri
Gen. peskrákre	peskrengré
Dat. peskráke	peskrenge
Acc. peskrá	peskren
Voc. o peskri!	o preski!
Abl. peskrátár	peskrendár.
Instr. peskráhá	peskrensá.

Masculinum.

Sing.	Plur.
Nom. leskro sein	leskre
Gen. leskreskro	leskrengré
Dat. leskreske	leskrenge
Acc. leskres	leskren
Voc. o leskro!	o leskre!
Abl. leskrestár	leskrendár
Instr. leskrehá	leskrensá.

Femininum.

Sing.	Plur.
Nom. lákro	lákre
Gen. lákreskro	lákrengré

Dat. lákreske	lákrenge
Acc. lákreská	lákren
Voc. o lákro!	o lákre!
Abl. lákrestár	lákrendár
Instr. lákrehá.	lákrensá.

§ 64.

Wenn diese Pron. vor einem Subst. stehen, nehmen sie mit Ausnahme des Nom. und Voc. im Sing. und Plur. als Masc. die Endung -*e*, als Fem. die Endung -*a* an; z. B.

Masc.

Nom. leskro pçrál sein Bruder
Gen. leskre pçráleskro
Dat. leskre pçráleske
Acc. leskre pçráles
Voc. o leskro pçrál!
Abl. leskre pçrálestár
Instr. leskre pçrálehá etc.

Fem.

Nom. leskri pçen seine Schwester
Gen. leskrá pçeñákri
Dat. leskrá pçeñáke
Acc. leskrá pçeñá
Voc. o leskri pçeñe!
Abl. leskrá pçeñátár
Instr. leskrá pçeñehá etc.

§ 65.

c) *Pron. refl.*

Das Pron. refl. ist wie P ott schon bemerkt Gen.
comm. „hat aber auch Pluralformen", indem der Sing.
den Plur. vertritt. Das Pron. refl. *pes* wird also
flektiert:

Gen. peskero
Dat. peske, peste
Acc. pes
Abl. pestár
Instr. pehá.

§ 66.

d) *Pron. interrog.*

Bei den transsilv. Zigeunern sind als Pron. interr.
folgende gebräuchlich:

Nom. ko wer?	so was?
Gen. káskro	soskro
Dat. káske	soske
Acc. kás	so
Abl. kástár	sostár
Instr. káhá	sohá.

— 41 —

§ 67.

e) *Pron. demonstr.*

Masc.

Sing.

Nom.	ádá dieser	odá jener
Gen.	ádáleskro	odáleskro
Dat.	ádáleske	odáleske
Acc.	ádáles	odáles
Voc.	o ádá!	o odá!
Abl.	ádálestár	odálestár
Instr.	ádálehá	odálehá

Plur.

Nom.	ádá	odá
Gen.	ádálengré	odálengré
Dat.	ádálenge	odálenge
Acc.	ádálen	odálen
Voc.	o ádá!	o odá!
Abl.	ádálendár	odálendár
Instr.	ádálensá	odálensá.

Fem.

Sing.

Nom.	ádá	odá
Gen.	ádáláko	odálákro
Dat.	ádáláke	odáláke
Acc.	ádálá `	odálá

Voc. o ádál	o odá!
Abl. ádálátár	odálátár
Instr. ádáláhá.	odáláhá.

Plur.

Nom. ádá	odá
Gen. ádálengré	odálengré
Dat. ádálenge	odálenge
Acc. ádálen	odálen
Voc. o ádá!	o odá!
Abl. ádálendár	odálendár
Instr. ádálensá	odálensá.

Artikel.

§ 68.

Der Artikel, welcher aus einem blossen Vokal besteht, lautet im Sing. *o* Masc. und *e* Fem., im Plur für beide Geschlechte *e*, Der indefinite Artikel ist das Zahlwort *yek*. Der Artikel wird selten gebraucht.

Verbum.

§ 69.

Im transsilv. Zig. sind folgende Tempora vorhanden: 1) Praesens, die Form anf *-áv*; 2) Futurum, die Form auf *-ává*, z. B. Praes. *cováv* (ich stehle),

Fut. *coráva*; 3) Imperfektum, die Form auf *-avás*,
z. B. coravás (ich stahl); 4. Perfektum, die Form
auf *-dyom*, *lyom* oder *-ilyom*, zu bemerken ist, dass
die auf *-c*, *-g*, *-f*, *-k*, *-nd*, *v* und *m* auslautenden Verbal-
stämme das Perf. auf *-lyom* bilden, z. B. *ácáv* (ich
wohne), Perf. áclyom, *mángáv* (ich bettele), Perf.
mánglyom, *mákáv* (ich färbe), Perf. máklyom,
pçándáv (ich sperre ein), Perf. pçandlyom, *áváv*
(ich komme), Perf. ávlyom, *kámáv* (ich will), Perf.
kámlyom; bei den auf *r* auslautenden Verbalstämmen
geht dies Schluss-*r* im Perf. in *-l* über, z. B. *pérav*
(ich falle), Perf. pelyom; Verba, deren Praes. auf
-ováv oder *-aráv* auslautet, bilden das Perf. auf *-ilyom*,
z. B. *mátováv* (ich berausche mich), Perf. mátilyom,
sápñáráv (ich seife ein), Perf. sápñilyom; 5. Plus-
quamperfektum, die Form des Perf. mit hinzugefüg-
tem *-ás*, z. B. *ákmáv*, Perf. kámlyom, Plusquampf.
kályomás; 6. Imperativ ist der reine Stamm, der
nach Weglassung der Praes.-Endung *-av* zum Vor-
schein kommt, z. B. *keráv*, Imper. ker, dáráv, Imp. dár.

§ 70.

Eine eigentliche Infinitiv-Form ist nicht vorhanden, sondern wird dieselbe durch Umschreibung
ausgedrückt, z. B. kámáv the jeáv (volo ut eam),
kámes the jiás (vis ut abeas). Zahl und Person
müssen mit dem Subj. kongruent sein; dies ist die

Hauptsache; alles andere, was einzelne Sammler als
Regel aufgestellt haben, entbehrt der Richtigkeit.

§ 71.

Das transsilv. Zig. hat einen Indikativ und Konjunktiv, ein Aktivum und Passivum, deren Bildung
am besten aus den folgenden Paradigmen ersicht-
lich ist.

§ 72.

Die Verba, welche der regelmässigen Konjugation
folgen, lassen sich in fünf Gruppen einteilen.*) Zur
ersten Gruppe gehören diejenigen Verba,
welche die 1. Pers. sing. Praes. Indic. Act. auf
-*av* bilden, als: *coráv* (ich stehle), *dváv* (ich komme),
jiáv (ich gehe), *mákáv* (ich färbe, male), *meráv* (ich
sterbe), *penáv* (ich spreche) u. s. w.; zur zweiten
gehören diejenigen, welche die 1. Pers. sing.
Präs. Indic. Act. auf -*aráv*, bisweilen auch auf
-*eráv* bilden, als: *áshdráv* (ich lache), *bánsiáráv* (ich
biege), *cingeráv* (ich schneide), *çukeraá* (ich hüpfe),
jidyáráv (ich ernähre), *págherár* (ich zerbreche), *tát-
ydráv* (ich wärme) u. s. w.; die dritte Gruppe
bilden diejenigen Verba, deren 1. Pers. sing.
Präs. Indic. Act. auf *áváv* ausgeht, aus: *báshávav*

---

*) S. Pott I. 406 ff.

— 45 —

(ich geige), *dárdváv* (ich erschrecke jem.), *mángáváv* (ich freie), *unkáváv* (ich grabe aus) u. s. w.; zur vierten Gruppe gehören die Verba, welche die 1. Pers. Sing. Präs. Indic. Act. auf *-ovdv* bilden, als: *bárovdv* (ich wachse), *corováv* (ich verarme), *eulyovdv* (ich nehme ab), *gulyovdv* (ich bin süss), *fályovdv* (ich verstehe), *kirñovdv* (ich verfaule), *siñoldv* (ich dehne aus) u. s. w.; zur fünften Gruppe gehören endlich die Verba, deren 1. Pers. Sing. Präs. Indic. Act. auf *-indv* auslautet, als: *cincindv* (ich entlocke), *dilyindv* (ich bin bin wahnsinnig), *farpindv* (ich streue), *koshtindv* (ich schmecke, koste), *kucindv* (ich hämmere), *rugindv* (ich verderbe etw.), *seyindv* (ich schwindle) u. s. w.

§ 73.

Die zur 4. Gruppe gehörigen Verba bilden keine selbständige Konjugation, sondern folgen der Konjugation der zur ersten Gruppe gehörigen Verben. Somit sind, was die Konjugation anbelangt, 4 Klassen von Verben zu unterscheiden.

— 46 —

Paradigmum zur I. Klasse.

§ 74.

Activum.

Präsens.

Indikativ.	Konjunktiv.
Sing. (me) coráv (ich) stehle	the coráv
(tu) cores (du) stiehlst	the cores
(yov) corel (er) stiehlt,	the corel
Plur. (amen) corás (wir) stehlen	the corás
(tumen) coren (ihr) stehlt	the coren
(yon) coren (sie) stehlen.*)	the coren.

Imperfektum.

Sing. corávás	the corávás.
corehás	the coráhás
corelás	thr corálás
Plur. coráhás	the coráhás
corenás	the coránás
coroná	the coránás.

Perfektum.

Indikativ.	Konjunktiv.
Sing. cordyom	the cordyom
cordyál	the cordyál
cordyás	the cordyás

*) Die Pron. pers. werden gewöhnlich ausgelassen, nur bei der
2. und 3. Person Plur. einiger Tempora die gleichlauten vorgesetzt.

Plur.	cordyám	the cordyám
	cordyán	the cordyán
	cordé	the cordé.*)

Plusquamperfectum.

Indikativ.		Konjunktiv.
Sing.	cordyomás	the cordyomás
	cordyelás	the cordyelás
	cordyehás	the cordyehás
Plur.	cordyámás	lhe cordyámás
	cordyenás	the cordyenás
	cordyenás	the cordyenás.

Futurum.

Sing.	corává	the corává
	corehá	the corehá
	corelá	the corelá
Plur.	coráhá	the coráhá
	corená	the corená
	corená	the corená.

Imperativ.

Sing. 2. cor
1. corás
2. coren.

Infinitiv-Form.

the corel.

*) Die 3. Pers. Plur. Perf. Conj. Act. lautet bisweilen auch *cordi*.

Participium.

cordó (gestohlen).

Gerundium.

corindos (stehlend).

§ 75.

Der Konjunktiv unterscheidet sich formell vom Ind. nur durch das vorgesetzte *the*. Das Imperf. allein hat im Konjunktiv einige Formen, welche von denen des Ind. abweichen.

§ 76.

Nach *ç* und *j* geht das *e* der 2. und 3. Pers. Sing. Präs. Ind. und Conj. Act. bei einsilbigen Verben in *a* über, z. B. *çáv* (ich esse), 2. Pers. *çás*, 3. *çál;* *jiáv* 1. (ich gehe), 2. *jiás*, 3. *jiál.*

§ 77.

Ji geht im Perfektum in *g* über: *jiáv* Perf. gelyom, *lyijiáv* Perf. lyigedyom.

§ 78.

Der Imperativ endigt sich bei Verben, deren Stamm auf *-d* auslautet auf *-é*, z. B. *çud-áv* (ich er-

greife) Imperat. çudé, *trddáv* (ich vertreibe) Imperat.
trádé; bei Verben, deren Stamm auf -*c* auslautet,
geht dies -*e* in -*i* über, z. B. *pucáv* (ich frage) Imper.
puci, *çucáv* (ich springe) Imper. *çuci, ushcáv* (ich
stehe auf) Imper. *ushci.* — Die wallachischen Zigeuner
setzen vor die 2. Pers. Sing. Imper. noch die Inter-
jektion *hey!* z. B. *hey! ushci* steh auf, erhebe dich,
hey! dá! gieb!

Paradigmum zur II. Klasse.

§ 79.

Activum.

Präsens.

	Indikativ.	Konjunktiv.
Sing.	ásháráv (ich) lobe	th' ásháráv
	áshárés	th' áshárés
	áshárel	th' áshárel
Plur.	áshárás	th' áshárás
	áshárén	th' áshárén
	áshárén.	th' áshárén.

Imperfectum.

	Indikativ.	Konjunktiv.
Sing.	áshárávás	th' áshárávás
	áshárehás	th' áshárehás
	áshárelás	th' áshárelás
Plur.	ásháráhás	th' ásháráhás

4

áshárenás	th' áshárenás
áshárenás.	th' áshárenás.

Perfectum.

	Indikativ.	Konjunktiv.
Sing.	áshárdyom	th' áshárdyom
	áshárdyál	th' áshárdyál
	áshárdyás	th' áshárdyás
Plur.	áshárdyam	th' áshárdyám
	áshárdyán	th' áshárdyán
	ásárdé.	th' áshárdyán.

Plusquamperfectum.

	Indikativ.	Konjunktiv.
Sing.	áshárdyomás	th' áshárdyomás.
	áshárdyelás	th' áshárdyelás
	áshárdyehás	th' áshárdyehás
Plur.	áshárdyámás	th' áshárdyámás
	áshárdyenás	th' áshárdyenás
	áshárdyenás.	th' áshárdyenás.

Futurum.

	Indikativ.	Konjunktiv.
Sing.	áshárává	th' áshárává
	áshárehá	th' ásháreha
	áshárelá	th' áshárelá
Plur.	áshárahá	th' áshárahá
	áshárená	th' áshárená
	ásharená.	th' ásharená.

Imperativus.

Sing. 2. áshár.
Plur. 1. áshárás
    2. ásháren.

Infinitiv-Form.

th' áshárel.

Participium.

áshárdó (gelobt).

Gerundium.

áshárindos (lobend).

Paradigmum zur III. Klasse.

§ 80.

Activum.

Präsens.

Indikativ.		Konjunktiv.
Sing. bicáváv	(ich) schicke	the bicáváv
bicáves		the bicáves
bicável		the bicável
Plur. bicávás		the bicávás.
bicáven		the bicáven
bicáven		the bicáven

4 *

— 52 —

Imperfectum.

Indikativ.	Konjunktiv.
Sing. bicávávás	the bicávás
bicávehás	the bicávehás
bicávelás	the bicávelás
Plur. bicáváhás	the bicáváhás
bicávenás	the bicávánás
bicávenás	the bicávánás.

Perfectum.

Indikativ.	Konjunktiv.
Sing. bicádyom	the bicádyom
bicádyál	the bicádyál
bicádyás	the bicádyás
Plur. bicádyám	the bicádyám
bicádyán	the bicádyán
bicádé	the bicádé.

Plusquamperfectum.

Indikativ.	Konjunktiv.
Sing. bicádyomás	the bicádyomás
bicádyelás	the bicádyálás
bicádyehás	the bicádyáh
Plur. bicádyámás	the bicad·
bicádyenás	the bi·
bicádyenás	

Futurum.

Indikativ.	Konjunktiv.
Sing. bicáwáwá	the bicáwáwá
bicávehá	the bicávehá
bicávelá	the bicávelá
Plur. bicáváhá	the bicáváhá
bicávená	the bicávená
bicávená	the bicávená.

Imperativus.

Sing. 2. bicá schick
Plur. 1. bicávás, schicken wir
2. bicáven.

Infinitiv-Form.

the bicável.

Participium.

bicádó, geschickt.

Gerundium.

bicándos, schickend.

§ 81.

Das Imperf. und Plusq. hat im Konj. einige Formen, welche von denen des Ind. abweichen.

§ 82.

Bei Verben, welche zur III. Klasse gehören und deren Stamm auf -*ly*, -*r* und -*s* auslautet, nehmen im Perfectum die Endung -*lyom* auf, z. B. *dárдáv* (ich erschrecke Jem.), Perf. dárályom, *násháváv* (ich verlière), Perf. náshályom, *dilyáváv* (ich singe), Perf. dilyályom.

§ 83.

Der Imperativ endigt sich bei den Verben dieser Klasse auf -*d*; die wallachischen Zigeuner bilden den Imperativ dieser Verba gewöhnlich auf -*u*, also *bicu* schick! (Über die Interj. *hey!* s. § 78).

Paradigmum zur IV. Klasse.

§ 84.

Aktivum.

Präsens.

Indikativ.	Konjunktiv.
Sing. çályováv (ich) verstehe, höre	the çályováv
çályos	the çályos
çályol	the çályol
Plur. çályovás	the çályovás
çályon	the çályon
çályon	the çályon.

Imperfectum.

Indikativ.	Konjunktiv.
Sing. çályovávás	the çályovás
çályohás	the çályohás
çályolás	the çályolás
Plur. çályováhás	the çályováhás
çályonás	the çályonás
çályonás	the çályonás.

Perfectum.

Indikativ.	Konjunktiv.
Sing. çályilyom	the çályilyom
çályilyál	the cályilyál
çályilyás	the çályilyás
Plur. çályilyám	the çályilyám
çályilyán	tlle çályilyán
çályilyé (i)	the çályilyé (i).

Plusquamperfectum.

Indikativ.	Konjunktiv.
Sing. çályilyomás	the çályilyomás
çályilyálás	the çályilyelás
çályilyahás	the çályilyehás
Plur. çályilyámás	the çályilyemás
çályilyánás	the çályilyenás
çályilyánás.	the çályilyenás.

Futurum.

Indikativ.	Konjanktiv.
Sing. çályovává	the çályovává
çályohá	the çályohá
çályolá	the çályolá
Plur. çályováhá	the çályováhá
çályoná	the çályoná
çályoná.	the çályoná.

Imperativus.

Sing. 2. çályol.

Plur. 1. çályovás

2. çályon.

Infinitiv-Form.

the çályol.

Participium.

çályilo (gehört, verstanden).

Gerundium.

çályindos (hörend, verstehend).

§ 85.

Einige Formen des Conj· weichen im Imperf.
und Plusq. von denen des Ind. ab.

§ 86.

Die 2. Pers. Sing. Imperat. endigt sich bei den
Verben der IV. Klasse stets auf -*ol*.

§ 87.

Hülfsverbum *som*.

Präsens.

Indikativ.	Konjunktiv.
Sing. som (ich) bin	the ávás
sál	the ávehás
hin	the ávelás, ávlás.
Plur. sám	the áváhás
sán	the ávenás, ávnás
hin.	the ávenás, ávnás.

Imperfectum.

Indikativ.	Konjunktiv.
Sing. ávávás	the ávávás
ávehás	the ávehás
ávlás	the ávlás
Plur. áváhás	the áváhás
ávenás	the ávenás
ávnás.	the ávnás.

Perfectum.

Indikativ.	Konjunktiv.
Sing. somás	the somás
sálás	the sálás
hás, ehás	the ehás
Plur. sámás	the sámás
sánás	the sánás
hás	the ehás.

Futurum.

Indikativ.	Konjunktiv.
Sing. ávává	the ávává
ávehá	the ávehá
ávlá	the ávlá
Plur. áváhá	the áváhá
ávená	the ávená
ávná	the ávná.

Imperativus.

Sing. 2. ác sei, 3. the ável, er sei.
Plur. 2. ácen seiet, 3. the áven, sie seien.

Infinitiv-Form.

the ável, sein.

§ 88.

Plusquamperfectum, Participium und Gerundium fehlen gänzlich. Das Plusq. wird durch
das Perfectum ersetzt.

— 59 —

§ 89.

Die wallachischen Zigeuner haben ein vom regelmässigen abweichendes Imperfectum, welches wohl durch Einwirkung des rumänischen á-fost auf das zig. *dvávás* entstanden sein mag. Die Form des Imperf., welches von den wallachischen Zigeunern gebraucht wird, lautet:

Imperfectum.

	Indikativ.	Konjunktiv.
Sing.	áfostávás	th' áfostávás
	áfostáhás	th' áfostáhás
	áfostálás	th' áfostálás
Plur.	áfostáváhás	th' áfostáváhás
	áfostánás	th' áfostánás
	áfostánás	th' áfostánás.

§ 90.

Das Passivum wird gebildet durch das Participium und das Hülfszeitwort *som;* z. B. *mdráv* ich schlage, Part. márdo (Masc.), márji (Fem.)

Präsens.

Indikativ.	Konjunktiv.
Sing. som márdo (Masc.) ich bin	the ávás márdo (Masc.)
— márji(Fem.)geschlagen	— — márji (Fem.)
sál márdo, márji	the ávehásmárdo, márji
hin márdo, márji	the ávlás márdo, márji

— 60 —

Plur. sám márde(Masc.undFem.)   the áváhás márde
       sán márde   the ávnás márde
       hin márde   the ávnás márde.

Imperfectum.

Indikativ.			Konjunktiv.		
Sing. ávávás	márdo,	márji	th' ávávás	márdo,	márji
ávehás	„	„	th' ávehás	„	„
ávlás	„	„	th' ávlás	„	„
Plur. áváhás	márde		th' áváhás	márde	
ávenás	„		th' ávenás	„	
ávnás	„		th' ávenás	„	

Perfectum.

Indikativ.			Konjunktiv.		
Sing. somás	márdo,	márji	the somás	márdo,	márji
sálás	„	„	the sálás	„	„
hás	„	„	the hás	„	„
Plur. sámás	márde		the sámás	márde	
sánás	„		the sánás	„	
hás	„		the hás	„	

Futurum.

Indikativ.			Konjunktiv.		
Sing. ávává	márdo,	márji	th' ávává	márdo,	márji
ávehá	„	„	th' ávehá	„	„
ávelá	„	„	th' ávlá	„	„

Plur. áváhá márde	th' áváhá márde
ávená „	th' ávená „
ávená „	th' ávná „

Imperativus.

Sing. 2. ác márdo, márji
     3. th' ável „   „
Plur. *i.* ácen márde
     3. th' áven „

Infinitiv-Form.

th' ável márdo, márji.

§ 91.

Im Zigeun. giebt es auch eine Art von Verba
Deponentia; z. B. *som terdo* (ich stehe), *som beshto*
(ich liege), *som páshlo* (ich liege). Diese werden
ebenso konjungiert wie die Formen für das Passivum
(§ 90).

§ 92.

Verba impersonalia werden in Verbindung
mit dem Acc. sing. oder plur. des Pron. pers. gebraucht, z. B. *mán dukál* mir schmerzt es, *len dukálás*
ihnen schmerzte es. Das Verbum steht selbstverständlich stets in der 3. Pers. sing.

§ 93.

Das Lateinische habeo (ich habe) wird durch
die 3. Pers. sing. des Hilfszeitwortes *som* verbunden
mit dem Dat. des betr. Pron. pers. ausgedrückt (wie
im Ungarischen). Es wird also abgeändert:

Präsens.

Indikativ.	Konjunktiv.
Sing. mánge hin (ich habe)	the mánge hin
tuke „	the tuke „
leske (Masc.), láke (Fem.)	the leske, láke hin
hin	
Plur. ámenge hin	the ámenge hin
tumenge „	the tumenge „
lenge „	the lenge „

Imperfectum.

Indikativ.	Konjunktiv.
Sing. mánge ávlás	the mánge ávlás
tuke „	the tuke „
leske, láke „	the leske, láke „
Plur. ámenge „	the ámenge „
tumenge „	the tumenge „
lenge „	the lenge „

Perfectum.

Indikativ.	Konjunktiv.
Sing. mánge hás	the mánge ehás
u. s. w.	u. s. w.

Plusquamperfectum.

Indikativ.	Konjunktiv.
Sing. mánge ávláhás*)	the mánge ávláhás
u. s. w.	u. s. w.

Futurum.

Indikativ.	Konjunktiv.
Sing. mánge ávlá	the mánge ávlá
u. s. w.	u. s. w.

Imperativ.

Sing. tuke ável, Plur. 2. tumenge ável.

Infinitiv-Form.

th' ável.

Präpositionen.

§ 94.

Die Präpositionen stehen entweder mit dem Dativ oder mit dem Nominativ. Der Dativ ist gewöhnlich beim Subst., der Nom. hingegen beim Pron. gebräuchlich.

§ 95.

Die Präpositionen sind die folgenden:

ándro (vor Fem. ándre) in, hinein, bei, z. B. ándro vésá in den Wald;

---

*) Eine merkwürdige Form, die sonst fehlt; s. § 88.

ándrál aus, z. B. *ándrál o vást* aus der Hand;

ángál vor, *ángál o ker* vor dem Haus, *ángál tuke* vor dir;

bi ohne (steht mit dem Abl.), *bi mándár* ohne mich;

kiyá zu, *kiyá leste* zu ihm;

mámuy gegenüber, *mámuy tiro pçrál* deinem Bruder gegenüber;

máshkár zwischen, unter, *máshkár ámenge* zwischen uns;

pál, pálá, pále in, an, auf, durch, nach, gemäss, *pál e pçuv* auf der Erde;

páshe, pásh neben, *pásh o ker* neben dem Hause, *pásh tuke* neben dir;

páshál herum, um, ringsum, *páshál tumenge* ringsum euch;

perdál, pirdál über, *o ciriklo hin pirdál mánge* der Vogel ist über mir;

prál auf, *prál e páñi* auf dem Wasser, *prál mánge* auf mir;

prekál durch, hindurch, *prekál e len* durch den Fluss;

pro, pre auf, in, *pro gáv* im Dorf, *pro skámind* auf dem Tisch;

tel, tcle unter, *tele páñi* unter dem Wasser;

upre pro über, auf, *upre pr' ámenge* über uns; *pro kást* auf den Baum;

vásh um, für, nach; *vás tumende* um Euch.

Konjunktionen.

§ 96.

Der Gebrauch der Konjunktionen unterliegt gar keiner Schwierigkeit; sie stehen je nach dem Inhalt des Satzes mit dem Ind. oder Konj. des betreffenden Verbums; keine Konjunktion erfordert, dass das Verbum des Satzes in einem bestimmten Modus stehe.

§ 97.

Die im transsilv.-zigeun. gebräuchlichen Konjunktionen sind die folgenden:

ɟoc obgleich, wenngleich, obwohl; *ɟoc yov pɟrál tiro hin, tu ná kámes lcs* obgleich er dein Bruder ist, du nicht liebst ihn;

inke noch; *yov hin inke shukáreder sár tu* er ist noch schöner als du;

káy dass, als, weil, *pen mre pɟáleske káy th' ável* sag' meinem Bruder dass (er) komme;

káná wenn; *káná yov ná ável, jiáv me* wenn er nicht kommt, gehe ich;

sár gleich, als, wie; *sár yov pendyás, gelyás yov* wie er sagte, ist er gegangen;

soske weil, indessen, während; *soske me gináv já pále ávri* während ich lese geh hinaus;

te, the und, wenn; *te mán kámes, pen mánge*
wenn du mich liebst, sag es mir;

uvá aber, sondern; *me diklyom tut, uvá les ná*
ich habe dich gesehen, aber ihn nicht;

váy oder, *váy — váy* entweder — oder;
bokhálo sál váy ná? hungrig bist du oder nicht?

Adverbia.

§ 98.

Die Adverbia werden aus den Adj. gebildet,
indem an den Stamm derselben die Endung *-es* tritt;
z. B. *báro* (gross) adv. báres, *cáco* (richtig, ehrlich)
adv. cáces, *shukár* (schön) adv. shukáres.

Wörterbuch.

—

5*

A.

A conj. aber, hingegen, und.

abrosa f. Tischtuch.

abshin m. Stahl.

acav bin, wohne; ac sei, bleibe; ac terdo steh still!
halt!

aç interj. ah, oh!

ada adv. so; fem. diese.

adada fem. diese.

adadsives adv. heute.

adadsivesuno adj. heutig.

adai adv. hier.

adalinai adv. heuer.

adarde komm her, adv. hier.

adathar adv. herüber, hiedurch.

adaki adv. nur.

adakivar adv. so oft.

adventos m. Advent.

agor fem. Ende.

ayos fem. Bett, ung. ágy.
aiso adj. solcher.
akana adv. jetzt.
akalo adj. solcher.
akarav ich seufze.
akhor m. Nuss.
akhorin fem. Nussbaum.
amaro, -i pron. unser.
ambrola fem. Birne.
ambrolóri fem. Birnchen.
amen pron. uns.
Amérikánityikos m. Amerikaner.
amonis m. Amboss.
anav ich bringe.
andalo präp. aus.
andori f. Muskel.
ándrál präp. aus.
andro präp. in, hinein.
androdova adv. inzwischen.
angal präp. vor.
angar m. Kohle.
angaroro m. Köhlchen.
angarengro m. Köhler.
angarengri f. Köhlerin.
angaruno adj. kohlig.
Angolos m. Engländer.
angomist adv. früher.
angruski f. Ring.

angrustóri f. Ringlein.

angushto m. Finger.

angushtoro m. kleiner Finger.

añalos m. Engel, ung. angyal.

añi conj. weder — noch.

apsa f. Thräne.

apsarav ich thräne, weine.

arakav finde, bewache.

arcic m. Blei.

arde adv. her.

Armanos m. Armenier.

armin f. Kraut; wallach.-zigeun. erme.

armiñori f. kleines Kraut.

armiñakro m. Sauerkraut.

asharav ich lobe.

asav ich lache.

asaviben m. Lachen.

asbav ich kränke.

ashta f. pl. Lippen; wallach.-zigeun. usta.

astarav ich fange ein.

astardo m. der Gefangene.

astardsi f. die Gefangene.

ava conj., sondern, hingegen.

avav ich komme; avava ich werde kommen.

aver adj., ein anderer; avri f., eine andere.

avri adv., draussen.

avricandes adv., anders, auf eine andere Art, Weise.

avritçovav, ich wasche aus.

avrete adv. anderswohin.
avral adv. von aussen.
avriacav ich raste, ruhe.
avrikirdav ich reisse aus.
avrimarav ich rühre zusammen.
avrilyikerav ich ertrage, erdulde.

B.

baçsasipen m. Wunsch, Glückwunsch.
baçt f. Glück, Wohlstand.
baçtalo adj. glücklich.
bagolyis f. Eule, ung. bagoly.
bai f. neu.
bakro m. Schöps.
bakroro m. Lamm.
bakri f. Schaf.
bakrori f. Schäfchen.
bal m. Haar.
bala f. Schmeer, Fett.
balabash m. Speck.
balañi f. Mulde.
balano adj. schweinisch.
baleco m. Schwein.
balecni f. Sau.
balengro m. Schweinhirt.
báli f. Sau.
baliçoro adj. säuisch.

bálo m. Schwein.
balogno adj. link.
balóro m. Härchen.
banduk m. Flinte.
banges adv. krumm, unredlich.
bangeçerengro adj. krummbeinig.
bangeshereskro adj. krummköpfig.
bangenakeskro adj. krummnasig.
bango adj. krumm.
banyarav ich krümme, biege.
bansiarav ich biege, beuge, krümme.
bár f. Zaun, Garten, Stein.
baráckes f. pl. Pfirsich, ung. baraczk.
bares adv. gross.
baro adj. gross.
bárori f. Zäunchen.
barovav ich wachse, nehme zu.
barovbs m. Baron.
barval f. Wind.
barvalipen m. Reichtum.
barvalyovav ich bereichere mich.
barvalo adj. reich.
barvalóri f. Luftzug, Lüftchen.
barvol m. Wachstum, Gedeihen.
básháváv ich spiele (auf der Geige), geige.
bashavipen m. Musikspiel.
bashovav ich heule, belle.
baslyi f. Uhr, Stunde.

bec m. Hüfte.

becinav ich brumme, brülle.

belyi f. Säule, Stütze.

beng m. Teufel.

bengipen m. Hölle.

beránd m. Stütze.

bersh m. Jahr.

bershenkuno adj. jährlich.

bervely f. Biene.

bes m. Wald, s. ves.

beshav ich sitze, hause.

beshto, som beshto ich liege.

bi präp. ohne.

biangushtengro adj. fingerlos.

bibaçt f. Unglück.

bibaçtralo adj. unglücklich.

bibalengro adj. haarlos.

bibi f. Tante, Mütterchen.

bibóri f. Mütterchen, Weibchen.

biboldi f. Jüdin.

biboldo m. Jude.

bibolduno adj. jüdisch.

biçabneskro adj. dumm.

bica f. Hacke, ung. bicska Messer (?).

bicacipen m. Ungerechtigkeit.

bicacipeskro adj. ungerecht.

bicavav ich sende, schicke.

biçerengro adj. beinlos.

bicibakro adj. zungenlos, stumm.
bidandengro adj. zahnlos.
bidevleskro adj. gottlos.
bigodsiakro adj. verstandlos.
biyakakro adj. augenlos.
biyav m. Hochzeit.
biyaveskro m. Gast.
bikaneskro adj. ohrlos.
bikenav ich verkaufe.
bikenipnaskro m. Kaufmann, Krämer.
bikhelos m. Büffel.
bikniben m. Verkauf, Handel, Erwerb.
biko m. Kugel.
bikokalengro adj. knochenlos.
bikovi f. pl. Eisen.
bilaco adv. schlecht.
bilyálipo m. Schmelzen.
bilyav ich schmelze.
bilovengro adj. geldlos.
bimanushipen m. Unmenschlichkeit.
bimanusheskro adj. unmenschlich.
binakeskro adj. nasenlos.
binos m. Sünde, ung. bün. S. Gram. § 7.
bipaceno adj. abergläubisch.
bipereskro adj. bauchlos.
bish zwanzig.
bishengro m. Zwanziger.
bishereskro adj. kopflos.

bisingrengro adj. hornlos.
bisto der zwanzigste.
bitos m. Fasten, ung. böjt.
bivasteskro adj. handlos.
bivastengro adj. händelos.
bo conj. denn, weil.
bogáris f. Spinne, ung. bogár Insekt, Käfer.
bogiña f. Blatter.
bokelyi f. Kuchen.
bokelyori f. kleiner Kuchen.
bokh f. Hunger.
bokhalyiben m. Hunger.
bokhálo adj. hungrig.
bokoli f. Semmel.
bolav ich tauche, taufe.
bolyipen m. Taufe.
bolyipo m. Taufe.
bondsiarav ich entwinde.
borñuvos m. Kalb, ung. bornyu.
bov m. Herd, Ofen, Feuerstätte.
bradsi f. Napf, Kanne.
bradsiengro m. Fassbinder.
bravenka f. Ameise.
bredyi f. Holzgefäss, Napf.
brinsa f. Käse, wallach. brinze.
brishind m. Regen.
brishindoro m. Streifregen.
brishlyikos m. Weste.

brishtav ich vergesse.
buci f. Schmiedarbeit.
buçlyi f. Band.
buçlipen m. Breite.
buçlyori f. Bändchen.
buçlo adj. breit.
buklo m. Thürschloss.
bukli f. Schnalle.
buko m. Leber.
bul f. Arsch.
Bulgaris m. Bulgare.
bunda f. Pelz, ung. bunda.
bura m. pl. Strauchwerk, Gestrüpp.
burñik f. Faust; eine Handvoll.
burñokori f. Fäustchen.
but adj. viel, buter mehr.
budseç f. Sporn.
busñi f. Ziege.
busht m. Spies.
butyikerav ich arbeite.
butno m. Meer.

C.

Ca conj. nur, ung. csak.
caklengero m. Glaser.
caklo m. Glas.
carav ich lecke.

caces adv. wirklich, in der That.
cacipen m. Redlichkeit, Wahrheit.
caco adj. richtig, ehrlich.
cacuno adj. eigen.
cai f. Mädchen.
cayori f. Mägdlein.
calavav ich berühre, bewege.
calyuvav ich sättige mich.
cam f. Gericht.
candav ich schluchze.
cang f. Knie.
cangóri f. Kniechen.
capláris m. Wirt, ung. scaplár.
caplárka f. Wirtin.
cár f. Gras, Weide.
cármakláv ich heuchle.
cármáklo m. Heuchler.
caravav ich lasse weiden, weide.
cáro f. Schüssel.
caróri f. Teller, Schüsselchen.
carvi f. Huhn.
carvori f. Küchlein.
casos m. Wetter.
catra f. Henne.
cavengro adj. kindisch.
cavo m. Knabe, Junge.
cavoro m. Knäblein, Büblein.
Cehos m. Böhme, ung. cseh.

cekat m. Stirn.

cekatoro m. Stirnchen.

ceñe f. pl. Ohrgehänge.

cepo adj. wenig.

cerçon m. Stern.

cerçeñóri f. Sternlein.

ceresñes f. pl. Kirsche, ung. cscresznye.

ceresrobár m. Blitz.

ceroros m. Himmel.

cese t. Napf, Schale, ung. csésze.

ci conj. ob.

ci nichts.

cib f. Zunge.

ciba f. Haut, ung. csipas.

cibeng m. Bettstätte.

cibálo m. Richter.

cibályi f. Richterin.

ciben f. Bett.

cibeñori f. Bettchen.

cidav ich werfe, giesse.

cido adj. ähnlich.

cigyarav ich weiche ein.

cik f. Kot.

cik f. Niessen, man len cika ich niesse.

cikálo adj. kotig.

cikalyarav ich beschmiere.

ciken m. Fett, Schmalz.

cikeñarav ich schmiere ein.

cikniben m. Einölen.
cil m. Butter.
cilengro m. Fetthändler.
cileskri f. Fetthändlerin.
cilyavav ich berühre.
cilyavin f. Pflaumenbaum.
cilye f. pl. Pflaume.
cilo m. Stock, Stab.
cinav ich schneide, schreibe.
ciñav ich kaufe.
cincesyis f. Augenbraue.
cincinav ich entlocke.
cindya m. pl. Scheere.
cindyora m. pl. Scheerchen.
cingarav ich verkleinere, zerstückele.
cingardav ich schreie.
cingerav ich reisse, schneide.
cingerde m. pl. Knödel.
cingerdo m. Bohrer.
cingendoro m. kleiner Bohrer.
ciniben m. Blatt Papier.
cino skamin m. Schemel.
ciraç f. Schuh.
ciral m. Käse.
cirdav ich ziehe Etwas.
cirikli f. Vogel (Weibchen).
ciriklo m. Vogel.
cirikloro m. Vöglein.

cirla adv. lange, schon lange.
cirleder adv. weiter, ferner.
cisme f. pl. Stiefel, ung. csizma.
civav ich werfe.
civerdav ich werfe, würfele.
coka f. Rabe, ung. csóka.
cokánav ich hämmere.
con m. Mond, Monat.
conóro m. kleiner Mond.
conúno adj. monatlich.
cór m. Dieb.
córa m. pl. Schnurbart.
corayanes adv. gestohlen, geheim.
coral adv. diebisch.
corav ich stehle, imper. cor.
cordav ich werfe weg.
coreskro adj. diebisch.
coriben m. Dieberei.
corika f. Diebin.
coripen m. Armut, Elend.
coro adj. arm, elend.
cororo adj. sehr arm.
corovav ich verarme.
corvalo adj. bärtig.
cucharav ich leere etwas.
cuci f. Brust, Euter.
cuco adj. leer, verlassen.
cudalyinav man ich staune, ung. csodál, csudál.

6

culav ich kehre, fliesse.
culyarav ich tröpfle etwas.
culyovav ich nehme ab.
culo adj. wenig, gering.
cumidav ich küsse.
cumut m. Mond.
cungard m. Speichel.
cungardav ich speie.
cuno adv. wenig, gering.
cunul m. Stroh.
cunulalogono m. Strohsack.
cupri f. Peitsche.
cuprik f. Peitsche.
curdav ich sauge, ziehe ein (Rauch).
curi f. Messer.
curóri f. Messerchen.

D.

Dab f. Schlag.
dad m. Vater.
dadóro m. Väterchen.
day f. Mutter.
dayóri f. Mütterchen.
dand m. Zahn.
danderav ich kaue.
danderdo part. gekaut.
dandóro m. Zähnchen.

dár f. Furcht.

darav ich fürchte mich.

daravav ich erschrecke jemand.

dav ich gebe, pft. díñom; impera. de; de les ánglál
   sprich ihn an; de ánglál sprich!

demavav ich sitze.

denasav ich laufe, eile.

desh zehn.

desto m. Peitschenstiel.

deshto der zehnte.

deshuyek elf.

deshuyekto der elfte.

deshushtar vierzehn.

deshushtarto der vierzehnte.

deshushtarvar vierzehnmal.

devel m. Gott.

devleskro adj. göttlich.

dicol es scheint, mange pes dicol es scheint mir.

dikhav ich sehe.

dikhlo part. gesehen.

dikilo m. Schürze.

dilalyipen m. Lied, Gesang.

dilyavav ich singe.

dilyináv ich bin verrückt, wahnsinnig.

dilyines adv. dumm.

dilyino adj. dumm.

dilos m. Mittag, ung. dél.

dindyárdipen m. Länge.

dindyárdo adj. lang.

diñilyuváv ich bin wahnsinnig.

diñiseluváv ich bin rasend.

dis f. Wohnung, Gebäude.

dív adv. kaum.

dívlo adj. wild, d. bálo Wildschwein.

doktoris m. Arzt.

dori f. Band.

doróri f. Bändchen.

dörgesis m. Donnern, ung. dörgés.

dóshálo adj. sündhaft.

dosta adj. genug.

drab m. Wunde.

drayo m. Arzenei, Gift.

drak f. Traube.

drandsiuris m. Teller.

drom m. Weg.

dromengro m. Wanderer, Reisender.

dud m. Licht, Kerze.

dudóro m. Kerzlein.

dudum m. Kürbiss.

duyvár zweimal.

duysine adv. zusammen.

duk f. Schmerz.

dukál es schmerzt.

dumá f. Sprache, Rede.

dumádav ich erzähle, rede.

dumno m. Rücken.

dumnóro m. Rückchen.
dumuk m. Faust.
dur adj. weit.
duvár m. Thür.
duvárbish vierzig.
duvarbishto der vierzigste.

E.

E art. die.
ebe adv. schon.
eden m. Gefäss, ung. edény.
efta sieben.
eftangro der siebente.
egeros m. Maus, ung. egér.
eña neun.
eñato der neunte.
eñavar neunmal.
epres m. pl. Erdbeere, ung. eper.
erme f. Kraut, s. armin.
eseros tausend.

F.

Fadyinav ich friere, erfriere.
fadyindo part. erfroren.
farshangos m. Fasching, ung. farsang.
fecke m. Schwalbe, ung. fecske.

feder adj. compart. besser.

ferinav ich behüte, bewache; ferinel odel behüt'
Gott.

feris m. Hirte.

filemile m. Nachtigall, ung. fülemile.

folyi f. Brocken.

folyóri f. Bröckchen.

forintos m. Gulden, ung. forint.

foriskos m. Städtchen.

foros m. Stadt.

foroskro m. Städter.

Francia m. Franzose, ung. franczia.

frishno adj. frisch, gesund.

funtos m. Pfund.

fusuyka f. Bohne, ung. fuszulyka (paszuly).

G.

Gad m. Hemd.

gada m. pl. Wäsche (ung. gatya Unterhose?)

gadóro m. Hemdchen.

gadsi f. Bäuerin.

gadsio m. Bauer, Mann.

gadsióri f. liebe Hausfrau.

gadsióro m. Männchen.

gadsiuno m. bäuerisch.

galamba f. Taube, ung. galamb.

galave f. Tuch, Umhängtuch.

gángeri f. Kirche.

garco adj. kahl.

garo m. Ei; garengeri marakli Eierkuchen.

garóro m. Eichen, kleines Ei.

garuvav ich verberge.

gav m. Dorf.

gavengro m. Dorfbewohner.

gegevos m. Kehle, ung. gége.

gelyva f. Kropf, ung. golyva.

gemantos m. Diamant, ung. gyémánt.

gendalos m. Spiegel.

ger f. Krätze.

gerince f. Rückgrat, ung. gerincz.

géro adj. selig; m'ro géro dad mein seliger Vater.

ges m. Tag.

gim m. Zahl.

gimo m. Zahl.

ginav ich zähle, lese.

giñipen m. Lesen, Zählen.

glete f. Zunge, Sprache.

godsi f. Gehirn, Verstand.

godsiavel adj. verständig.

godsióri f. Gehirnchen.

goya m. pl. Eingeweide.

goyóra m. pl. Wurst.

golya f. Storch, ung. gólya.

góno m. Sack, Tasche.

gónóro m. Säckchen, Täschchen.

grai m. Pferd.

grasñakro adj. zur Stute gehörig.

grasñi f. Stute.

grastengro m. Pferdemarkt.

grastóro m. kleines Pferd.

grastuno adj. zum Pferde gehörig.

Grekos m. Grieche, siebenb.-sächs. Grek.

grófos m. Graf, ung. gróf.

grune f. Schnurbart, sächs. grun.

gudlo m. Kaffee.

gulo m. Zucker, adj. süss.

gulyarav ich versüsse.

gulyovav ich bin süss.

gúnáris m. Gänserich, ung. gúnár.

gusa f. Kropf, wallach. gusa.

guruv m. Ochs.

guruváno adj. zur Kuh gehörig.

guruvñi f. Kuh.

guruvñóri f. kleine Kuh.

H.

Hamsinav ich gähne.

hamsinipen m. Gähnen.

haña f. Ameise, ung. hangya.

harangos m. Glocke, ung. harang.

harangosinav ich läute, ung. harangoz.

hasno adj. nützlich, ung. hasznos.

hedyos m. Berg, ung. hegy.

hegedüve f. Geige, ung. hegedü.

hercás m. Schmied.

hercaskri f. Schmiedin.

herminal es donnert.

hermisagos m. Sturm, Unwetter, Gewitter.

hiába adv. vergebens, ung. hiába.

hiábaçabneskro adj. umsonstesser.

hídos m. Brücke.

hintóva f. Kalesche, ung. hintó.

hírñovos m. Wurm, ung. hernyó.

hoi conj. dass, ung. hogy.

hom ich bin, s. som.

hordóva f. Fass, ung. hordó.

horseder compar. schlechter, böser.

hrobos m. Grab, Grabhügel.

ı

Ç.

çaben m. Speise.

çaisin f. Wüste.

çalyovav ich verstehe, höre.

çañarav ich sammle.

çanav.ich kämme.

çandyol es juckt.

çanjuvav ich kratze.

çanig f. Brunnen.

çañigóri f. Quelle.

çanro m. Säbel.
çár f. Thal.
çaradyi f. Riemen.
çarçun m. Kupfer.
çarkuno adj. aus Kupfer verfertigt.
çarñarav ich kürze.
çárno adj. kurz, çarnes adv. kurz.
çarpinav ich streue.
çaruvav ich kratze.
ças m. Husten.
çasav ich huste.
çav ich esse.
çeroi f.
çeroyóri f.
çev f. Loch, Grube, Fenster.
çevengro adj. löchrig, m. Glaser.
çibinel es fehlt.
çinav ich scheise.
çiñido m. Abort.
çirçil f. Erbse.
çoc conj. obgleich, wenngleich, obwohl.
çoçavav ich lüge.
çaçavel adj. lügnerisch.
çaçaviben m. Lüge.
çolyi f. Galle.
çolyarav ich erzürne.
çolyardo part. erzürnt.
çolyisarav ich ärgere.

çolo m. Hose.
çolovengro m. Schneider.
çor adj. tief.
Çoráçai m. Türke.
çoripen m. Tiefe.
çucav ich springe.
çuckerav ich hüpfe.
çuckerdyi f. Frosch.
çuckerdyóri f. Fröschlein.
çuçur m. Pilz, Schwamm.
çudav ich fange, ergreife.
çulai m. Hausherr.
çulañi f. Hausfrau.
çumer m. Brotstück, Teig.
çup f. Deckel.
çurdo adj. klein, weich.
çurdyarav ich brösele.

I.

Ic adv. gestern.
ibrikos m. Napf, ung. ibrik.
igen adv.
igorka f. Gurke, ung. ugorka.
ikerav ich halte.
ilyinav ich benehme mich gut, ung. illik.
imár adv. schon, ung. már.
inke adv. abermals, wieder; conj. noch.

isbináv ich strecke aus (Leiche).
ispidáv ich stosse, treibe an.

Y.

Yabjin m. Honig.
yágóri f. Zündhölzchen.
yákh f. Auge.
yákhóri f. Äuglein, Nuss.
yálo adj. roh.
yálódo adj. grün.
yándro m. Ei.
yárengro m. Mehlhändler.
yáro m. Mehl.
yárpa m. Gerste, ung. árpa.
yédos m. Gift.
yek eins.
yekayakakro adj. einfach.
yekejivesuno adj. einen Tag alt.
yekvar adv. einmal.
yepash m. Hälfte, yepashi ráci Mitternacht.
yepuro m. Hase, wallach. iépure.
yernó adj. nüchtern.
yeska f. Schwamm zum Feuerschlagen, wall. ésca.
Yésusis m. Jesus.
yev m. Waizen.
yevend m. Winter, yevende im Winter.
yilo m. Herz.

yilóro m. Herzchen.
yiv m. Schnee.
yivóro m. wenig Schnee.
yuminav ich drücke, stampfe.
yüsüva f. Fingerhut, ung. gyüzü.

J (Dsch).

Jiáben m. Gang.
jiámutri f. Schwiegertochter.
jiámutro m. Schwiegersohn.
jiánáv ich weis, ich kann.
jiáv ich gehe, perf. gelyom.
jidáv ich lebe.
jidyáráv ich ernähre.
jido adj. lebend, lebendig.
jilton adj. gelb.
jiv m. Roggen, Korn.
jives m. Tag.
jivesályol es dämmert.
jivesuno adj. täglich.
jiukel m. Hund.
jžuklyi f. Hündin.
jiuklo m. Hund.
jiuklóro m. Hündchen.
jiungálo adj. niederträchtig, hündisch.
jiungiben m. Niederträchtigkeit.
jiuv f. Laus.

jiuválo adj. läusig.

jiuvlyi f. Dirne.

jov f. Hafer.

jovi f. Donnerstag.

jugáles-keráv ich mache etwas schlecht.

K.

Kabñáráv ich schwängere.

kabñi f. schwangeres Weib.

káçña f. pl. Geflügel.

káçñálo adj. zum Geflügel gehörig, káçñáli bul Hühnerauge.

káçñi f. Henne.

káçñóri f. Küchlein.

káy conj. als, dass, weil.

kák m. Schulter.

kakavi f. Kessel.

káklyi f. Spindel.

kálo adj. schwarz, m. Zigeuner.

kálóro adj. schwärzlich.

kályáráv ich schwärze.

kaledandengro adj. schwarzzähnig.

káleyákengro adj. schwarzäugig.

kálenakeskro adj. schwarznasig.

káleshereskro adj. schwarzköpfig.

kálevastengro adj. schwarzhändig.

káli f. Wagenschmiere.

kám m. Sonne.

kámav ich will, ich liebe.

kamilo part. geliebt.

kamaviben m. Liebe.

komóro m. Sonne (demin.).

kampel es muss sein.

kampel the jiáv ich muss gehen.

kamuno adj. sonnig.

kán m. Ohr.

káná adv. als, einst; conj. wenn, nachdem.

kanályi m. Esel.

kándáv ich stinke.

kándeno adj. stinkend.

kángeri f. Kirsche.

kánglengro m. Kammmacher.

kánglyi f. Kamm.

kánglyóri f. kleiner Kamm.

kánóri m. Öhrchen.

káñáráv ich verstinke.

kánduváv ich stinke.

kápia f. Kotzen.

kapuva f. Thor, ung. kapu.

kár m. männliches Glied.

kárfin f. Nagel.

káriká f. Rad, ung. karika.

káro m. Dorn, Latte; ung. karó.

káruno m. Dorn, adj. stachlig.

kás m. Heu.

kást f. Holz.

kástenos m. Kasten, Lade.

kásuno adj. heuartig.

káshutyáv ich bin taub.

kát m. Scheere.

kátáv ich flechte.

kátyálo m. Krebs.

keci adj. wie viel.

kecivár adv. wie vielmal.

kecka f. Ziege, ung. kecske.

keláv ich tanze, spiele.

ketco m. Floh.

kelyiben m. Tanz, Spiel.

kepeñagos m. Mantel, ung. köpenyeg.

kepos m. Bild, ung. kép.

kér m. Haus.

keráv ich mache, k. bucí ich schmiede.

kéreskro adj. häuslich.

kerestos m. Kreuz, ung. kereszt.

kériben m. Arbeit.

kéribñaskri f. Hammer.

kéribñaskro m. Arbeiter.

kérituno adj. zum Haus gehörig.

kéróro m. Häuschen.

kes m. Seide.

ketovos m. Quaste.

kidáv ich sammle, klaube.

kide adv. so.

kiyá präp. zu.
kikidav ich drücke (Hand).
kináv ich kaufe.
kirlo m. Kehle.
kirko adj. bitter.
kirmo m. Wurm.
kirmóro m. Würmchen.
kirno adj. f. verfault.
kirñovav ich verfaule.
kirvi f. Schwätzerin.
kirvo m. Schwager.
kisha f. Sand.
klyeya f. Schlüssel.
klyestos m. Zange.
klyijiengré f. Schlosserin.
klyijengro m. Schlosser.
klyijin f. Schloss, Riegel.
klyijióri f. kleines Schloss.
ko pron. wer, welcher.
kodova pron. wer? welcher?
kocák f. Knospe, Knopf.
kocákóri f. Knösplein.
kokálá m. pl. Würfel.
kokálóro m. Knöchlein.
kokálos m. Knoche.
kokurdala f. Eidechse.
kolyibá f. Hütte, ung. kaliba.
kolyin m. Brust.

7

kolonda f. Weihnachten, Christtag.
koñi f. Talg.
kopál m. Stock, Stab.
kopic m. Stamm.
kopoňa f. Schädel, ung. koponya.
koráváv ich erblinde.
koripen m. Blindheit.
korkoro adj. einsam.
koro adj. blind.
korri f. Hals.
kosáv ich wische ab, reinige.
kosháv ich fluche, zanke, lärme.
koshiben m. Zänkerei, Lärm.
koshtináv ich koste, schmeke.
koshno m. Kopftuch.
kosuñi f. Handtuch.
koter m. Stück.
koteróro m. Stückchen.
kovlyáráv ich erweiche, mache weich.
kovlyemoskro adj. weichmündig, mit zarten Lippen.
kovlyováv ich bin weich.
kovlo adj. weich.
krályisko adj. königlich, ung. királyi.
král

yos m. König, ung. király.
krúlo adj. rund.
kuc adj. teuer, wert.
kuces adv. teuer, wert.
kuci f. Topf.

kucináv ich hämmere.

kucóri f. Töpfchen.

kukorica f. Mais, Kukurutz, ung. kukoricza.

kulya f. Kugel, ung. golyó.

kuñi f. Ellenbogen.

kurko m. Woche, Sonntag.

kurmin f. Hirse.

kuro m. Füllen, Pferd.

kuci f. Krug.

kusháv ich schinde, reisse.

kushto adj. kahl.

kushválo m. Schinder, Abdecker.

kushvályi f. Schinderin.

kuváv ich flechte (Haar).

L.

Lábáráv ich brenne etwas, ich heize.

lábárji f. Brennessel.

lábutáris m. Musikant.

lábuváv ich verbrenne, brenne.

lác f. Schande.

láces adv. gut.

lácháráv ich richte, repariere etwas.

lácipen m. Güte.

láco adj. schön, gut.

Laços m. Wallach, Rumäne; ung. oláh.

láji f. Schmach, Schande.

7*

lájiáv mán ich schäme mich.

lájivákerdo adj. schamlos, unverschämt.

láncos m. Kette, ung. láncz.

láng adj. lahm.

lángáv ich hinke, bin lahm.

láska f. Nudeln, ung. laska.

láv f. Wort, Gesetz.

láv ich nehme, lege, prft. lyilyom.

lávicá f. Ruhbett, Divan.

lele f. Geliebte, wallach. leľĕ.

len f. Fluss.

lenmágos m. Lein, ung. len-mag (Leinsamen).

leñori f. Bach.

lepáráv ich erwähne, beabsichtige.

lepedá f. Leintuch, ung. lepedö

levegöve f. Luft, ung. levegö.

lime f. Welt.

lyence f. Linse, ung. lencse.

lyijiáv ich trage, leihe, prft. lyigedyom.

lyik f. Nisse im Haar, Laus.

lyikerav ich halte auf, pes lyikerav ich benehme, betrage mich.

lyil m. Brief.

lyim f. Rotz.

lyimálo adj. rotzig.

lyimáv ich zerschlage, zertrümmere etwas.

lyinai m. Sommer, lyináye im Sommer.

lyivináv ich schiesse.

lyivñá f. Flinte.
loko adj. leicht.
lólo adj. rot.
lólyi f. rote Rübe.
lón m. Salz.
lóndo partic. gesalzen.
lóndyáráv ich salze.
lovina f. Bier.
lovineskro m. Bierbrauer.
lovo m. Geld.
lovóro m. Geldstück.
lubñi f. Dirne, Hure.
lubikáno m. Hurenjäger.
luftos m. Luft.
luñi f. Montag.

M.

Má neg. nicht (in Verbindung mit dem Imperativ).
mácik f. Knödel.
máceskri f. Fischerin.
máceskro m. Fischer.
máci f. Fliege.
mácka f. Katze, ung. macska.
máckákro adj. katzenartig.
máckóri f. Kätzchen.
máco m. Fisch.
mácuno adj. fischartig.

mákáv ich male, färbe, schmiere, salbe.

mákos m. Mohn, ung. mák.

mál f. Feld, Wiese.

málná f. Himbeere, ung. málna.

mámi f. Grossmutter.

mámuy praep. gegenüber.

mángáv ich verlange, bettele.

mángáváv ich freie.

mángipen m. Bitte.   .

mángipneskri f. Bettlerin.

mángipneskro m. Bettler.

mánglo partic. gebeten.

mánush m. Mensch.

mánushñi f. Weib.

mánushóro m. Männchen.

máráv ich schlage, prügele.

márci f. Dienstag.

márhá f. Sache, Gegenstand, (ung. marha Rind?).

máriben m. Schlägerei.

máríkli f. Kuchen, Weissbrot.

máriklóri f. kleiner Kuchen.

máro m. Brot.

más m. Fleisch.

másengro m. Fleischhauer.

máshkár präp. zwischen, unter.

máskár m. Rücken.

máshkáral adv. inzwischen, unterdessen.

mato adj. betrunken.

mátováv ich betrinke mich.

medyis f. Weichsel, ung. meggy.

medve m. Bär, ung. medve.

meg adv. noch, ung. még.

mel f. Schmutz.

melyálo adj. schmutzig.

melyáráv ich beschmutze, verunreinige.

men f. Hals.

meneshkro m. Komet.

meráv ich sterbe.

meriben m. Tod.

mikáv ich lasse los.

minc f. weibliche Scham.

miñár adv. gleich, ung. mindjárt.

miseç adj. schlecht, compar. horsheder.

músha f. Maus.

mishelyi f. Fisch.

mishlyináv ich erwäge.

míshóri f. Mäuschen.

míshos m. Maus.

mishtiben m. Güte, Freundlichkeit.

mishtip adj. selig.

mistyipo m. Seligkeit.

mishto adj. gut, freundlich.

modlyináv ich bete.

moços m. Flaum.

moçtengrí f. Tischlerin.

moçtengro m. Tischler.

moçto m. Truhe.
mokushis f. Eichhörnchen, ung. mókus.
mol f. Wein.
molengro m. Weinhändler.
mom m. Wachs.
momelyi f. Wachskerze.
momelyis f. Leuchter.
morav ich reibe, schmiere.
more m. Kamerad, Freund.
moriben m. Totschlag.
moros m. Meer.
mortyi f. Haut.
mortyengri f. Gerberin.
mortyengro m. Gerber.
mosáráv ich verderbe.
mostos m. Brücke.
mro, miro, f. mri, miri mein.
mudáráv ich lösche aus, ich ermorde ...
muçlyi f. Nebel.
muy f. Mund.
muyóri f. Mündchen.
muysi f. Arm.
mukáv ich entlasse jemand.
muklo part. entlassen, freigelassen.
muláno adj. gestorben.
mulo adj. tot.
mulo m. Gespenst.
munrikle m. pl. Perle.

murádji f. Rasiermeser.
muráv ich schleife.
muráváv ich scheere, rasiere.
murdályipen m. Mord, Tod.
murdályováv ich krepiere.
murdálo part. krepiert.
mursh m. Mann.
mushinav ich muss.
muter m. Brunz, Urin.
mutrav ich uriniere.

N.

Ná conj. nein, nicht.
náy f. Klaue, Nagel, Kralle.
nák m. Nase.
nákóro m. Näschen.
náne nichts, kein.
nángipen m. Blösse.
nángo adj. nackt, bloss.
národeskri f. Freundin.
národos m. Freund.
násháto partic. verloren.
násháváv ich verliere.
náshci ich kann nicht.
náslyiváv ich bin krank.
násvályipen m. Krankheit.
násválo adj. krank.

náv m. Name.
nevipen m. Neuigkeit.
nevo m. Kreuzer, adj. neu.
niso adj. kein.
no conj. aber.

Ñ. (Nj.)

Ñébos m. Himmel.
Nemckos m. Deutscher, Gulden.
ñikai adv. nirgends.
ñikana adv. nie, niemals.
ñikeráv ich halte.
ñiko niemand.
ñilay f. Sommer.
ñist gar nichts.
ñiváso gar keiner.

0.

O art. der.
oda der, dieser.
odaleha adv. dorther, von dort.
odoi adv. dort.
odoleske adv. darum, aus dem Grunde.
odova f. diese, die.
oçto acht.
oçtoto der achte.

okera f. Acker.

okiya adv. weg, weiter.

okiyakarde adv. überall.

opre auf, o. ácáv ich stehe auf.

opruno-tçud m. Milchrahm.

ösos m. Herbst, ung. ösz. ˙

P.

pácáv ich glaube.

pácsiválo adj. ehrlich, redlich.

pádáv ich binde an.

págheráv ich zerbreche, perf. pagherdyom.

págonis m. Bart.

páços m. Eis.

pál präp. nach, in, an, durch, s. §. 95.

pálál adv. hinten.

pále adv. nachher.

páledáv ich öffne, mache auf.

páletunes adv. zuletzt, zum letztenmal.

páletuno adj. letzter.

pályikeráv ich danke, grüsse.

pályikeriben m. Gruss, Dank.

pálmá f. Handfläche.

pánc fünf.

páncengro fünfer.

páncto der fünfte.

pándálo part. gebunden, gefesselt.

pándáv ich binde, fessele.
páñálo adj. feucht, nass.
páñeskro adj. wässrig.
páñi m. Wasser.
páñori m. kleines Wasser.
pápále adv. abermals.
pápin f. Gans.
pápiñákro adj. gansartig.
pápiñóri f. Gänschen.
pápiris m. Papier.
páplános m. Decke, ung. paplan.
pápros m. Pfeffer.
papucis f. Schuh, ung. papucs.
pápus m. Grossvater.
párámisá f. Märchen, Erzählung.
párástyuvi f. Freitag.
páráváv ich spalte.
pári-vréme f. Gewitter.
párná f. Polster, ung. párna.
párñáráv ich weisse aus.
párñárdo part. ausgeweisst.
párnebálengro adj. weisshaarig.
párnedándengro adj. weisszähnig.
párneçerengro adj. weissfüssig.
párnemoskro adj. weissmäulig.
párñi f. Kreide.
párno adj. weiss, m. Kalk.
párnóro adj. weisslich.

párupo m. Leichenbegängnis.
páshál präp. ringsum, hier und dort.
páshe präp. neben.
páshlin f. Bett.
páshlo part. liegend, me som pashlo ich liege.
páshlyováv ich liege.
páshváro m. Seite.
pátávengro m. Strumpfwirker.
pátávo m. Strumpf, Fussfetzen.
pátyáv ich glaube.
pátráyi f. Feiertag, Ostern.
pátuna f. Ferse.
pává f. Pfau, ung. páva.
pekáv ich backe, brate.
pekiben m. Braten.
pekibñáskri f. Bratofen.
peko adj. gebacken, gebraten.
pená f. Welle, Schaum.
penáv ich sage, spreche.
pendá fünfzig.
pendec m. Haselnuss.
pendeçuni f. Haselstrauch.
peperis f. Pfeffer.
pér m. Bauch, Magen.
perás-keráv ich scherze.
péráv ich falle, stürze, perf. pelyom.
perdál praep. über.
perdo partic. gefallen.

pernángo adj. barfuss.

peróro m. Bäuchlein.

petáláv ich befestige, perf. petálándyom.

petálen f. Hufeisennagel.

petálos m. Hufeisen.

pçábáy f. Apfel.

pçábáyin m. Apelbaum.

pçabáyóri f. kleiner Apfel.

pçábáráv ich heize.

pçabengri f. Obsthändlerin.

pçabengro m. Obsthändler.

pçábuváv ich brenne.

pçágáv ich pflücke.

pçágeráv ich breche, zerbreche.

pçágerdo partic. gebrochen.

pçákálo-egeros m. Fledermaus, s. egeŕos.

pçándáv ich sperre ein.

pçándlo partic. eingesperrt.

pçani f. Atlaskleid.

pçáráv ich sprenge, perf. pçárilyom.

pçáriben m. Schwere.

pçáro adj. schwer.

pçárováv ich zerspringe, berste.

pçén f. Schwester.

pçénóri f. Schwesterchen.

pçerno m. Spreu.

pçiko m. Schulter.

pçiráv ich trabe.

pçivlyi f. Witwe.
pçivlo m. Witwer.
pçokiñáváv ich raste.
pçosáváv ich steche.
pçosáviben m. Stich.
pçova f. Augenbraue.
pçrál m. Bruder.
pçrálóro m. Brüderchen.
pçucáv ich frage.
pçuciben m. Frage.
pçukáváv ich klage an.
pçukñi f. Blase, Schaum.
pçundráváv ich öffne.
pçurd f. Stég, Brücke.
pçurdáv ich blase.
pçurdipen m. Wind.
pçurdino partic. aufgeblasen.
pçuri f. alte Frau.
pçuriben m. Alter.
pçurilyi f. Halfter, Zaun.
pçuro m. alter Mann.
pçurováv ich altere.
pçurt m. Brücke.
pçus m. Stroh.
pçusóro m. Ähre, Garbe.
pçutrádo partic. abgemäht.
pçutráváv ich mähe ab.
pçuv f. Erde.

pçuvune m. pl. Erdäpfel, Kartoffel.

piben m. Trank, Trinken.

piyáv ich trinke.

pilangová f. Schmetterling, ung. pillangó.

pinkesis f. Pfingsten, ung. pünkösd.

piránáv ich liebe.

pirángro m. Töpfer.

piráñi f. Geliebte.

piráno m. Geliebter.

piráv ich gehe, komme.

picáváv ich schleppe.

pirdál präp. über, hinüber.

piri f. Topf.

pirkos m. Feder.

piróri f. keiner Topf.

pishályi f. Wirtin, Wirtshaus.

pishálo m. Wirt.

pisináv ich schreibe, zeichne.

pishot m. Blasebalg.

pityoká f. Erdäpfel, Kartoffel, ung. pityóka.

pobisteráv ich vergesse.

pocináv ich zahle, bezahle.

pociniben m. Zahlung, Bezahlung.

pocivináv ich ruhe, raste.

poçtán m. Leinwand.

poçtáneskro m. Leinweber.

pokorlos m. Truthahn.

polokes adv. langsam.

polokores adv. ganz langsam.

pór f. Flügel.

póri f. Schweif, Schwanz.

pore f. Eingeweide.

póshi f. Sand.

posici f. Tasche.

postin m. Pelz.

postineskro m. Kürschner.

práytin f. Blatt, Laub.

práytinóri f. Blättchen.

prál praep. auf.

prástáv ich eile, laufe.

pre präp. auf.

preko präp. hindurch, durch.

preyekvár adv. auf einmal.

prekál präp. durch, hindurch. .

prejiáv ich entferne mich, ich vergehe, perf. pregelyom.

prinjiáráv ich kenne.

prinjiárdo partic. bekannt.

prinjiárnuto m. Freund, Bekannter.

pro conj. denn, weil, als; praep. auf, in.

próda her!

próiceskro adr. vorgestern.

punro m. Fuss.

purun m. Zwiebel.

pusáváv ich spiesse auf.

pusno m. Spiess.

8

— 114 —

pushum f. Floh.
pusta f. Einöde, Pusta, ung. puszta.
putráv ich binde auf.

R.

Ráci f. Nacht.
rácuno adj. nächtlich.
rádisályipen m. Freude.
rádisályováv ich freue mich.
ráçmin f. Rock.
ráy m. Herr.
ráyeskro adj. herrschaftlich.
ráykáno adj. herrisch.
rákáv ich finde.
ráklyi f. Maid.
ráklo m. Knabe.
ráklóri f. Mägdlein.
ráklóro m. Knäblein.
rándáv ich kratze, schabe.
ráñi f. Herrin.
rásháy m. Pfarrer.
ráshóñi f. Pfarrerin.
rát m. Blut.
rátválo adj. blutig.
rátváráv ich blute.
rásináv ich zittere.
rés f. Berg.
réson m. Hügel.

resáncos m. Lampe.
resun m. Fuchs.
resuñi f. Füchsin.
rigóvos m. Amsel, ung. rigó.
ril f. Furz; me dáv ril ich furze.
riñin m. Säge.
ródáv ich suche.
roi f. Löffel.
roklya f. Weiberkleid, ung. rokolya.
rolyárdo partic. beweint.
rolyárváv ich beweine.
ron m. Rute.
rom m. Mann, Zigeuner.
románo adj. zigeunerisch, adv. romanes.
romñákro adj. weibisch.
romñi f. Frau, Zigeunerin.
romñóri f. Frauchen.
romóro m. Männchen.
rosmáráv ich zertrümmere.
rováv ich weine.
roviben m. Weinen.
rovlyáráv ich beweine.
rovlyi f. Stock.
ruca f. Ente, ung. rucza (récze).
ruginávv ich verderbe etwas.
ruk m. Baum.
rup m. Silber.
rusháráv ich erzürne jemand.

rusháv mán ich zürne.
ruv m. Wolf.
ruvňi f. Wölfin.

S.

Sá adv. immer.
sábádno adj. frei, ung. szabad.
sábádshágipen m. Freiheit, ung. szabadság.
sáko adj. jeder.
sákojivesuno adj. alltäglich.
sámáris m. Esel, ung. szamár.
sámbá f. Frosch.
sánes adv. dünn.
sáno adj. dünn.
sáp m. Schlange.
sápánis m. Seife, ung. szappan.
sápóro m. kleine Schlange.
sápuno adj. schlangenartig.
sáplyi f. Eidechse.
sápňáráv ich seife ein (wohl aus ung. szappan Seife).
sár adv. so, wie, gleich, als; conj. gleich, als, wie.
sára f. Locke, Zopf.
sáráló adj. haarig, zopfig.
sáscáráv ich heile.
sáscipen m. Gesundheit.
Sásos m. Sachse, ung. szász.
sátyáráv ich heile.
sásto adj. gesund, heil.

sávo adj. mancher.

sávóro adj. jeder.

seyináv ich schwindle.

sen f. Sattel.

senengro m. Sattler.

Serbos m. Serbe.

sík adv. sogleich, alsogleich.

sikáráv ich unterweise, lehre.

siklyáráv ich lehre; s. mán ich lerne.

siklyárdo m. Lehrer.

siklyáriben m. Unterricht, Gelehrsamkeit.

síkóro adv. sehr schnell.

sikováv ich eile.

silábist m. Zange.

silyábáv ich singe.

silye f. Lied.

silva f. Pflaume, ung. szilva.

silván m. Sauerwasser.

simiris m. Riemen.

siñoláv ich strecke, dehne aus.

sirvon adj. linker.

siv f. Knoblauch.

siváv ich nähe.

sivibñáskro m. Schneider.

skámind m. Tisch.

skámindóro m. Tischchen.

slugádjis m. Sóldat (wohl aus wall. stuga und
　　ung. szolga — Knecht, Diener).

so was?
sodóva was denn?
soduy beide.
som ich bin.
somnákálf m. Gold.
soske conj. deshalb, unterdessen.
somnákeskro m. Goldarbeiter.
somnákuñi f. Dukaten.
somnákuno adj. aus Gold verfertigt.
somnál adj. heilig.
somnálon m. Heiligkeit.
sor f. Kraft, Stärke.
sorályáv ich befestige.
sorálo adj. stark.
sostéñi f. Unterhose.
sovav ich schlafe, perf. sutyom.
soviben m. Schlaf, Traum.
sovnibnástár adj. schläfrig.
stáyi f. Hut.
stáyiengro m. Hutmacher.
stáyióri f. Hütchen.
strastuni f. Kessel, Pfanne.
sumin f. Suppe.
sung m. Geruch.
sungáv ich rieche.
suno m. Traum.
suses adv. rein.
suso adj. rein, reinlich.

sutyáráv ich trockene.
sutye f. Schuh.
suto — som suto ich liege.
suv f. Nadel.
Svábos m. Schwabe.
sváto adj. heilig.
svátináv, ich heilige, perf. svátindyom.
svetos m. Welt.
sviri f. Hammer.
sviróri f. kleiner Hammer.

Sh (Sch).

Sháy adv. daher.
shálátá f. Salat, ung. saláta.
sháshos m. Adler, ung. sas.
shebos m. Wunde, ung. seb.
shekos m, Stuhl, Sessel; ung. szék.
Shekelyis m. Szekler, ung. Székely.
shel hundert.
shelengro m. Seiler.
shelo m. Seil, Strick.
shelóro m. Schnur.
shelto der hundertste.
shelvár hundertmal.
sherályi f. Mütze, Kappe.
sherináv ich erfahre.
shéro m. Kopf.

shéróro m. Köpfchen.
sheselyuváv ich verwirre.
shét m. Öl.
shetálo adj. ölig.
shil m. Kälte, s. hin mán ich friere.
shilálo adj. kalt, m. Keller.
shilályáráv ich kühle ab.
shilályi f. Fieber.
shilályováv ich erkühle.
shinbribo m. Lachen.
shinbrináv ich lache.
shing f. Horn.
shingóri f. Hörnchen.
shiváv ich nähe, s. siváv.
skola f. Schule.
shoha nie, niemals, ung. soha.
shol f. Pfiff, Pfeifen.
shoske conj. weil, indessen, während.
shoshoy m. Hase.
shoshoyóro m. Häschen.
shov sechs.
shovto sechster.
shovvár sechsmal.
shtár vier.
shtárto vierter.
shtárvárbish achtzig.
shucáráv ich trockene, dörre etwas.
shucováv ich vertrockene.

shukár adj. schön, herrlich.
shukáres adj. schön, herrlich.
shukáriben m. Schönheit.
shukipen m. Dürre, Trockenheit, Magerkeit.
shuko adj. trocken, dürr, mager.
shulávàv ich kehre, fege aus.
shulávibnáskri f. Kehrbesen.
shunáv ich höre.
shut m. Essig.
shutlyáráv ich säuere.
shutlyováv ich versauere.
shutlo adj. sauer.
shuvlyipen m. Geschwulst.
shuvlo adj. geschwollen.
shuvlyováv ich schwelle an.

T.

Tádo part. gekocht.
táctái f. Glas, Trinkglas.
táji f. Küche, Kammer.
táysa adv. morgen.
táyso adj. solcher.
táysuno adj. morgig.
tálán adv. vielleicht, ung. talán.
Táliános m. Italiener, ung. talián.
tályináv ich finde, impers. es trifft sich, es geschieht.
táloñis f. Kinn.

talpos m. Sohle, ung. talp.

tálubos m. Ambos.

támbuk m. Trommel.

támboris m. Tambour.

támi also! támi sår also wie?

tásáváv ich erwürge jemand.

táslyováv ich ersticke.

tátipen m. Wärme, Hitze.

tatyáráv ich wärme, erwärme.

táto adj. warm.

távásis f. Frühling, ung. tavasz.

táváv ich koche.

távipo m. Kocherei.

te conj. wenn, und.

tel präp. unter.

tele adv. unten.

telecináv ich schneide ab.

telentos m. Kalb.

teleperáv ich falle herab.

teleprelyiyáv ich umarme.

teluno adj. der untere.

terdo, som t. ich stehe.

terdyováv ich stehe.

terneçar m. Jüngling.

terno adj. jung.

terñi f. Jungfrau.

ternyováv ich verjünge mich.

terpináv ich dulde, leide.

tetráyi f. Mittwoch.

tháduno m. Fluss.

thágár m. Führer, König.

thalyik f. Mantel ohne Ärmel, Überwurf.

thán m. Tuch, Stoff.

thánuno adj. aus Tuch verfertigt.

tháráv ich betrüge.

tháryibo f. Betrug.

the conj. und, dass; the cumidáv dass ich küsse, the jiáv dass ich gehe.

them f. Ferne, Land.

themlin f. Gebirge.

tçán m. Tuch, Bett.

tçáneskri f. Tuchmacherin.

tçáneskro m. Tuchmacher.

tçánóro m. ein Stück Tuch.

tçánuno adj. aus Tuch verfertigt.

tçáráv ich brenne, verbrenne.

tçárdo adj. heiss.

tçuróñi f. Nasenloch.

tçárjimol m. Branntwein.

tçáv m. Zwirn, Garn.

tçováv ich gebe, lege, t. pro grast e sen ich lege den Sattel aufs Pferd, ich sattle das Pferd, perf. tçodyom.

tçu m. Rauch.

tçud m. Milch.

tçudálo adj. milchig.

tçudesro opruno Milchrahm.

tçudengri f. Milchhändlerin.

tçules adv. dick, fett.

tçulo adj. dick, fett.

tçulyováv ich nehme zu, ich bin schwanger.

tçuvályi f. Pfeife.

tçuválo m. Taback, me piyáv tçuválo ich rauche.

tçuvánáv ich rauche.

tikeros m. Spiegel, ung. tükör.

to conj. daher.

topánka f. Halbschuhe, Pantoffel, ung. topánka.

tosárá adv. morgens.

továv ich wasche.

tover m. Axt.

toveróro m. kleine Axt.

tömlica f. Kerker, ung. tömlöcz.

trádáv ich vertreibe.

trás m. Eisen.

trásáv ich erschrecke.

trásávibo m. Schreck.

trástengro m. Eisenhändler.

trástuno adj. aus Eisen verfertigt.

terdáv ich ziehe an.

triándá dreissig.

triándávár dreissigmal.

trin drei.

trinvár dreimal.

trito dreimal.

tritojivesuno adj. drei Tage alt.
tromáv ich wage etwas.
troc m. Donner.
trocinel es donnert.
trupos m. Körper, Leichnam.
trusub m. Kreuz.
tüdöve f. Lunge, ung. tüdö.

U.

Ucályin m. Schatten.
Ucár m. Staub, Asche.
ucáráv ich warte.
ucáribo f. Warten.
Uces adv. hoch.
uciben m. Höhe.
uckáráv ich decke zu.
uco adj. hoch.
uctánáv ich siebe.
uctánglyi f. Sieb.
udár m. Tür.
udos m. Glied.
udud f. Licht, Helle.
ududálo adj. licht, hell.
ududáráv ich leuchte.
ududuno adj. leuchtend.
ucánáv ich kämme mich.
unblágyi f. Galgen.

unbláváv ich hänge auf.
unkáv ich grabe.
unkáváv ich grabe aus, vernichte.
unklyáv ich steige hinauf.
upre adv. oben.
upre-pro praep. über, auf.
upreneder adj. der oberste.
upruno adj. der obere.
uráv ich ziehe an (ein Kleid), ich kleide mich an.
urdon m. Wagen, Gefährt.
urdonáv ich fahre.
uripen m. Kleid, Kleidung.
ushánáv ich werfe durcheinander, mische.
usháp m. Drache.
usáráv ich warte.
usláráv ich leihe.
uslyipen m. Schuld.
uslo adj. schuldig.
ushcáv ich stehe auf, imperat ushci.
ushcáváv ich wecke auf.
ushta f. Lippe, s. ashta.
ushtáráv ich schreite vorwärts.
ushtáribo f. Schritt, Tritt.
ushtávásáribo f. Schreiten.
uvá conj. aber, sondern.

V.

Váy conj. oder, denn.
váysá f. Mühle.
váyseskro m. Müller.
vákeráv ich rede, überrede.
vákáriben m. Rede, Sprache.
vános m. Stein, Fels.
várekáy adv. irgendwo.
várekána adv. irgendwann, bisweilen.
várekáthár adv. irgendwoher.
váreko irgend einer, jemand.
váresár adv. irgendwie.
váresávo adj. ein gewisser, jemand.
váréso adj. irgend etwas.
vásh präp. um, für, nach.
vást m. Hand.
vástóro m. Händchen.
vátolá f. Nebel.
vátolon adj. neblig.
vátro m. Feuerstätte.
verbirká f. Tänzerin.
verbiris m. Tänzer.
ves m. Wald.
vesálo adj. waldig.
veseskro m. Jäger.
vesoro m. Flur, Feld, Wiese.

vicináv ich schreie, rufe.

viciniben m. Schreie, Rufen.

villá f. Gabel, ung. villa.

viña f. Schlacke.

visbávináv ich befreie.

voyi f. Seele, Herz.

voyióri f. Herzchen.

voyiskres adv. mutig.

voyiskro adj. kühn, mutig.

volya f. Wille.

vorton adj. grade.

vrásáráv ich löte.

vrásáribo f. Lötung.

DRUCK VON EMIL HERRMANN SEN., LEIPZIG.